SPAX

Garten-Projekte

für Selbermacher

FOLKO KULLMANN

blv

Was Sie in diesem Buch finden

78 Gärtnern in der Vertikalen

104 Wochenend-Projekte XXL

Anhang

Kleine Bauprojekte für den Garten

Warum immer alles neu und fertig kaufen? Selbstgebaute Gartenutensilien, Möbel und Geräte sind viel persönlicher und individueller, egal ob sie aus recycelten oder neuen Materialien aus dem Gartencenter oder Baumarkt sind.

Selbst kreataiv sein und bauen

Was macht einen Garten besonders und indivuell? Wie können Sie konventionelle Anbaumethoden aufpeppen? Die Projekte in diesem Buch können alle einfach und in einer überschaubaren Zeit – viele sogar in weniger als einer Stunde – gebaut werden. Es sind keine Spezialwerkzeuge notwendig, die man nie wieder brauchen würde und die nur im Keller verstauben. Alle Materialien und das Zubehör bekommen Sie im Gartencenter oder Baumarkt, im Internet, auf Recycling-Höfen oder Flohmärkten und Sammlerbörsen. Keines der vorgestellten kleinen Projekte zum Selberbauen hat mehr als 50 Euro gekostet. Lediglich für größere Umbau- und Umgestaltungsmaßnahmen wie eine Trockenmauer, einen Plattenbelag oder große Sichtschutzelemente müssen Sie in etwas anderen Größenordnungen kalkulieren.

Individuell und ungewöhnlich

Lassen Sie sich inspirieren und übertragen Sie Ideen und Lösungen aus anderen Bereichen in den Garten. Was in der Küche für Ordnung sorgt, funktioniert auch im Gartenregal. Paletten lassen sich nicht nur zum Transport schwerer Güter und Obstkisten nicht nur zur Aufbewahrung von Obst verwenden. Wer mit offenen Augen durch einen Baumarkt, ein Gartencenter, über den Flohmarkt geht oder beim Sperrmüll schaut, wird überrascht sein, wie viele Möglichkeiten sich ergeben, wenn man mal »außer der Reihe« denkt, Alltagsgegenstände umdreht oder von der Waagrechten in die Vertikale stellt.

1 **Alte Ideen neu interpretiert** Kein Platz für eine Kräuterspirale? Probieren Sie es doch einmal mit einem Turm aus Kräutertöpfen. Aus Obst- und Weinkisten lassen sich Regale bauen und ein ausgedienter Bilderrahmen in ein neues Trockengestell für Kräuter verwandeln. Wer Strohballen nur als Einstreu für den Kaninchenstall oder zum Anbauen von Pilzen kannte, wird überrascht sein, dass man auf Stroh auch richtig gut Kräuter und Gemüse anbauen kann – und das auch noch mit weniger Unkraut und Krankheiten. Auch ein Rahmen für ein trendiges Square-Foot-Gardening-Beet wird ab Seite 56 beschrieben.

2 **Vertikales Gärtnern** Warum immer auf dem Boden bleiben? Nutzen Sie den Platz an Wänden von Gartenschuppen, Zäunen oder die Seiten von Hochbeeten, um noch mehr leckere Gemüse und aromatische Kräuter anzubauen. Wussten Sie, dass man in Regenrohren, Paletten oder auch in Setzkästen Pflanzen anbauen und pflegen kann?

3 **Hochbeete und Gartenelemente** Hochbeete aus Brettern, Leimholzplatten und Paletten, Sichtschutzelemente und Regale können auch mit wenig handwerklichem Geschick selbst gebaut werden.

4 **Ordnungshelfer** Gartengeräte wie Scheren, Messer und Handschuhe lassen sich mit Alltagsgegenständen wie Kleiderbügeln und Klammern, Wein- und Obstkisten sortieren und verstauen, sodass sie immer griffbereit sind.

1

2

3

4

Materialbeschaffung

Pflanzen, Substrate, Töpfe und Co gibt es natürlich in Gartencentern und Baumärkten. In Letzteren bekommen Sie auch Bretter, Baumaterial, Werkzeug und Zubehör. Aber auch auf Floh- und Trödelmärkten lässt sich so manches finden, das im Garten zu neuem Leben erweckt werden kann.

Floh- und Trödelmärkte

In großen Orten finden beinahe an jedem Wochenende ein oder mehrere Floh- und Trödelmärkte statt. Aber auch in kleinen und mittleren Städten gibt es zu Anlässen wie Kirmes- oder Volksfesten, Rummeln und anderen Veranstaltungen Sammlermärkte, auf denen private wie gewerbliche Anbieter Dinge, die andere nicht mehr brauchen, anbieten. Floh- und Trödelmärkte sind eine wunderbare Quelle für nostalgische, antike Gartengeräte, altes Werkzeug, das vielleicht nicht mehr so schön aussieht, aber im Garten immer noch zum Einsatz kommen kann und natürlich jede Menge Kisten, Schalen, Töpfe und Gefäße, die für den Bau von Regalen, zur Aufbewahrung von allerlei Kleinkram und zum Bepflanzen geeignet sind. Vergessen Sie nicht zu feilschen, das gehört auf dem Flohmarkt einfach dazu und lassen Sie bei »Antiquitäten« eine gewisse Skepsis walten. Nicht alles, was alt aussieht, hat auch schon 80 Jahre oder mehr auf dem Buckel.

Floh- und Trödelmärkte mit einem riesigen Angebot gibt es in größeren Städten fast jedes Wochende.

Eine weitere Gelegenheit, Deko-Elemente, Töpfe und Gefäße sowie schöne Gartenutensilien zu erwerben, sind spezielle Gartenmärkte, die in den letzten Jahren an vielen Orten entstanden sind. Sie sind oft mit einer Gartenausstellung, Pflanzenmärkten und anderen Attraktionen verbunden. Manche dieser Märkte, wie der Hamburger Pflanzenmarkt auf dem Kiekeberg, die Erfurter Raritätenbörse oder der Berliner Staudenmarkt, sind mittlerweile so beliebt, dass man schon früh vor Ort sein sollte, will man noch Schnäppchen ergattern. Die Termine finden Sie am besten im Internet auf den Seiten der bekannten Gartenmagazine und Zeitschriften oder auf privaten Portalen wie www.gartenlinksammlung.de.

Wochenmarkt

Pflanzen für den Garten oder den Balkon vom Wochenmarkt? Aber ja! Viele Wochenmärkte werden nicht nur von Gärtnern, die Obst und Gemüse, Eier und anderes verkaufen, beliefert, sondern auch von Gärtnereien aus der Region, die Beet- und Balkonblumen, Topfkräuter und Gemüsejungpflanzen und -setzlinge zum Verkauf anbauen. Hier bekommen Sie garantiert die frischesten Pflanzen, direkt aus dem Gewächshaus oder der Produktionsfläche, ohne langen Transportstress und ohne Überwässerung. Vor allem bei Gemüse werden oft spezielle Sorten, die in Ihrer Region besonders gut gedeihen, angeboten oder ungewöhnliche Sorten, die man im Gartencenter nicht bekommt.

TIPP Pflanzen vom Wochenmarkt, die von Gärtnereien aus der unmittelbaren Umgebung und Region angeboten werden, haben in der Regel kürzere Transportwege hinter sich, da sie ja nur aus dem Anzuchtgewächshaus bis auf den Markt gebracht werden müssen. Fragen Sie vor dem Kauf aber, ob es sich um selbstgezogene oder zugekaufte Pflanzware handelt. Achten Sie darauf, dass dei Jungpflanzen nicht zu groß sind – kompakte Pflänzchen wachsen im Beet oder Balkonkasten zügiger weiter als solche, die viele Wochen im Anzuchttopf standen.

Auf Wochenmärkten bieten nicht nur Obst- und Gemüseanbauer und -händler ihre Waren an, sondern auch viele Gärtnereien und Gartenbaubetriebe aus der Region.

Gartencenter, Gärtnereien und Baumärkte

Gartencenter

Groß ist das Angebot unterschiedlichster Pflanzen in Gartencentern, seien es inhabergeführte oder große Ketten. Hier bekommen Sie in der Regel eine gute Auswahl und auch qualitativ hochwertige Pflanzen, dazu eine Menge an Zubehör, Gartenwerkzeug, Töpfe, Substrate und Dünger. Da Gartencenter zur Saison fast jede Woche neue Ware geliefert bekommen, lohnt es sich, oft vorbeizuschauen. So entdecken Sie nicht nur immer wieder neue Pflanzen, unter ihnen zunehmend auch besondere oder ungewöhnliche Sorten, auf »alte« oder »überständige« Exemplare, abgeblühte Stauden oder Rosen und Blütensträucher werden immer wieder satte Rabatte gewährt. Kleiner Tipp: Wenn Sie vor einem Wochenende oder einem Feiertag im Gartencenter (oder einem Baumarkt) einkaufen, sollten Sie früh kommen. Die Pflanzen werden nämlich kurz vor Feierabend noch einmal kräftig gegossen, damit sie den oder die kommenden Tage ohne Bewässerung gut überstehen. Wenn Sie also auf schwere, triefnasse Töpfe im Kofferraum verzichten möchten, ist ein Einkauf am Vormittag auf jeden Fall empfehlenswert.

Gärtnereien

In kleineren Gärtnereien vor Ort ist die Auswahl oft nicht ganz so groß, dafür kennen die Gärtner die Pflanzen, die selbst angezogen wurden, viel

Schnäppchenjagd im Gartencenter: Schauen Sie zum Saisonende gezielt nach reduzierten Restposten.

In gut sortierten Spezialgärtnereien finden Sie ein großes Angebot auch ungewöhnlicher Pflanzen.

besser und können Sie genau beraten. Meist sind die Pflanzen auch robuster und besser ans Klima angepasst, da sie bereits unter den hiesigen Bedingungen herangezogen wurden.

Baumärkte

Werkzeug, Geräte, Material zum Bauen und Basteln – Baumärkte sind wahre Einkaufsparadiese, in denen man sich lange aufhalten kann. Machen Sie sich vor dem Einkauf eine genaue Liste der Dinge, die Sie brauchen – das bewahrt Sie vor unnötigen Überflusskäufen. Denn angesichts der Fülle an Waren und Sonderangeboten verliert man schnell den Überblick. Zuhause angekommen stellt man dann fest, dass man viel zu viel eingekauft hat und auch noch einiges, was man eigentlich gar nicht braucht.

Internet

Besonders wenn Sie von einem bestimmten Material wie Wein- oder Obstkisten eine größere Menge brauchen, z. B. für ein Gartenregal, ist es besser, alle auf einmal von einem Anbieter zu kaufen. Sie unterscheiden sich in den Maßen oft leicht, was das Zusammenbauen erschwert. Auf den folgenden Internetportalen werden Sie auf jeden Fall fündig.

- www.markt.de
- kleinanzeigen.ebay.de
- www.quoka.de
- www.dhd24.com

Natürlich bieten auch viele Händler ihre Waren über die großen Shopping-Portale wie Amazon oder Ebay an.

Fragen Sie in Recyclinghöfen und Industriebetrieben nach ausgedienten Paletten zum Bau von Hochbeeten, vertikalen Pflanzwänden, Gartenmöbeln oder Sichtschutzelementen.

Werkzeuge und Geräte

Kein Gärtner und kein Garten kommt auf Dauer ohne eine gewisse Grundausstattung an verschiedenen Werkzeugen aus. Basteln, Bauen und Gartenarbeiten machen aber nur dann Spaß, wenn man das richtige und geeignete Arsenal an Geräten und Werkzeugen zur Hand hat. Bei der Fülle faszinierender Werkzeuge und Gerätschaften, die das Gartencenter- und Baumarktsortiment beinhalten, fällt es nicht immer leicht, die richtige Ausstattung zusammenzustellen. Hier finden Sie eine Übersicht, was Sie auf jeden Fall im Werkzeugschrank haben sollten, wenn Sie die Projekte in diesem Buch bauen möchten.

Standardwerkzeug wie Schraubendreher sind zum Selberbauen unverzichtbar.

Auf die Auswahl kommt es an

Beim Kauf von Gartengeräten und Werkzeug sollten Sie nicht sparen. Viele Geräte gibt es in Billigversionen oder in teuren, qualitativ hochwertigen Ausführungen. Maßgeblich für die Entscheidung sollten ergonomische Aspekte, aber auch die voraussichtliche Nutzungshäufigkeit sein. Ein guter Spaten oder eine hochwertige Rosenschere halten ein Leben lang und werden häufig benutzt. Andere Geräte, die seltener benötigt und nicht so stark beansprucht werden, kann man dafür preiswerter erstehen.

Kombigeräte

Gartengeräte mit Wechselstiel sind nur für Werkzeuge sinnvoll, die Sie selten benötigen. Bei regelmäßiger Nutzung wird dieses Stecksystem im Garten schnell lästig. Auch Schraubendreher-Sets, bei denen in einen Griff verschiedene Bit-Aufsätze gesteckt werden, sind nur dann etwas, wenn man ein- oder zweimal im Jahr eine Schraube anbringen möchte.

Werkzeug-Grundausstattung

Ein gut sortierter **Werkzeugkasten** mit den wichtigsten Utensilien gehört in jeden Haushalt. Kästen aus Metall sind stabiler als solche aus Kunststoff, bei denen auch die Griffe leicht abbrechen. Im Werkzeugkasten darf natürlich ein **Hammer** nicht fehlen. Am besten haben Sie zwei verschiedene zur Hand: einen Stahlhammer mit Geißfuß zum Einschlagen (und Ziehen) von Nägeln und einen Gummihammer für Arbeiten, bei denen die Aufschlagfläche größer ist wie zum Einschlagen von Holzpflöcken in den Boden. Perfekte Helfer zum Festhalten von Nägeln sind **Wäscheklammern** aus Holz, mit denen man einen Nagel, der in eine Wand oder ein Brett eingeschlagen werden soll, fixieren kann. Blau geschlagene Finger gehören dann der Vergangenheit an.

Zum Entfernen von Nägeln und zum Lösen fester Drahtverzwirbelungen darf eine **Kombizange** nicht fehlen. Mit ihr kann auch Draht durchgekniffen werden.

Damit Regale, Leisten, Bretter oder Rankgerüste richtig ausgerichtet und im Lot an einer Wand oder Mauer angebracht werden können, ist eine **Wasserwaage** unverzichtbar.

Zum Abmessen dient ein **Zollstock** oder **Metermaß**. Damit Sie Bohrlöcher oder Sägelinien markieren können, ist ein Bleistift samt Spitzer sinnvoll. Maßbänder aus Metall können sich mit der Zeit verziehen, ein klassischer Glieder-Maßstab aus Holz ist am besten geeignet.

Zum Eindrehen von Schrauben brauchen Sie eine gewisse Anzahl an **Schlitz- und Kreuzschraubendrehern.** Dazu ein Satz kleiner Schraubendreher und für Fortgeschrittene ein Satz Torx-Schraubendreher, da diese Schraubenform immer häufiger angeboten wird. Nichts ist lästiger, wie wenn man nach dem Einkauf im Baumarkt zu Hause feststellt, dass man aus Versehen die falschen Schrauben gekauft hat und der passende Schraubendreher fehlt – und es Samstagnachmittag nach Ladenschluss ist.

Sechskantige **Inbusschlüssel** sind zwar für den Bau der hier beschriebenen Projekte nicht notwendig, sollten aber trotzdem bei der Grundausstattung nicht fehlen.

Zum Lösen von Schrauben und Muttern ist ein Satz mit **Ring-Maul-Schlüsseln** mit Standard-Schlüsselweiten zwischen 6–32 mm für Hobby-Handwerker ausreichend.

Wer gerne und viel werkelt, sollte die Anschaffung eines **Akkuschraubers** überlegen. Man spart nicht nur viel Zeit, sondern auch Kraft und bewahrt sich vor einer Sehnenscheidenentzündung nach dem Setzen vieler Schrauben. Es gibt sogar Modelle, die magnetische Bits haben, sodass die Schrauben nicht wegfallen und bei denen die Schraubstelle beleuchtet wird.

Zum Schneiden von Vlies, Folie, Karton und Klebeband sind **Schere, Teppich-Cutter** oder **Messer** sinnvoll.

Als kleine Zugabe ist ein **Magnet** ein praktischer Helfer, um Schrauben, Nägel und andere kleine Metallteile, die beim Arbeiten hinter Möbel oder an schwer zugängliche Stellen gefallen sind, hervorzuholen – oder sie mit einem Magnet an einer Schnur vom Boden zu angeln, wenn man hoch auf einer Leiter steht.

Eine **Bohrmaschine** mit einem Bohrerset aus Holz-, Metall- und Steinbohrern gehört ebenfalls zur Grundausstattung eines Hobbyhandwerkers. Wer in massive Ziegel- oder sogar Betonwände bohren möchte oder muss, sollte sich von vornherein eine leistungsstarke Schlag- oder Hammerbohrmaschine anschaffen.

Damit Sie nicht jedes Mal, wenn Sie etwas befestigen oder Aufhängen möchten, in den Baumarkt fahren müssen, kaufen Sie sich ein vorgepacktes Set unterschiedlicher **Schrauben, Haken, Ösen, Klammern, Nägel** und **Stecknadeln.** Machen Sie sich nicht die Mühe, alles selbst zusammenzustellen.

Gartenwerkzeuge und Geräte

Ein Blumengarten, eine Rasenfläche, eine Hecke an der Grundstücksgrenze oder ein Obstgarten – je nachdem, wie der Garten gestaltet ist und genutzt wird, brauchen Sie bestimmte Geräte und können wiederum auf andere verzichten. Wer kein Gemüsebeet hat, braucht kein Profi-Sortiment an Bodenbearbeitungsgeräten, und wer keinen Rasen hat, braucht keinen Laubrechen. Richten Sie sich bei der Auswahl und beim Kauf danach. Selten benutzte Geräte oder größere Maschinen kann man auch leihen.

Eine **Gartenschere** ist das wichtigste Werkzeug des Gärtners. Es gibt Backen- und Ambossscheren. Letztere sind weniger gut geeignet, da beim Schneiden die Rinde gequetscht werden kann. Probieren Sie eine Schere auf jeden Fall aus, sie sollte gut in der Hand liegen und leicht zu öffnen sein. Es gibt außerdem Modelle für Rechts- und Linkshänder und solche für große und kleine Hände. Hochwertige Scheren halten viele Jahre und können mit Ersatzteilen repariert oder ergänzt werden.

Mit einem selbstgebauten, tragbaren Tablett haben Sie kleine Gartenutensilien immer aufgeräumt, gut sortiert und schnell dort zur Hand, wo sie gerade gebraucht werden.

Mit einer guten **Gartensäge** mit einem schmalen oder gebogenen Sägeblatt – eine Klappsäge reicht für den Anfang – können Sie nicht nur Äste und dickere Zweige, sondern auch Latten und Pflöcke oder Kanthölzer sägen. Zum Sägen von breiteren Brettern ist eine **Fuchsschwanzsäge** mit einem breiten Sägeblatt besser geeignet, da mit ihr ein gerader Schnitt leichter zu bewerkstelligen ist.

Handschaufel, -grabegabel, Unkrautstecher und **Handrechen** lassen sich vielseitig auf Balkon und Terrasse und im Garten einsetzen. Kaufen Sie keine Billigteile, die sich nach kurzer Zeit in ihre Einzelteile auflösen. Modelle mit Griffen aus Holz fühlen sich besser an als jene mit Metallgriffen, da diese unangenehm kalt in der Hand liegen. Schaufeln mit Kunststoffgriffen können sich nach einiger Zeit feucht und verschwitzt anfühlen. Tipp: Befestigen Sie ein buntes Klebeband am Griff, damit Sie Ihr Handwerkzeug im braunen Beet oder zwischen grünen Pflanzen schneller wiederfinden.

Zur unverzichtbaren Grundausstattung zur Bodenbearbeitung gehören auf jeden Fall auch noch ein solider **Spaten,** eine **Grabegabel,** eine **Harke,** eine **Unkrauthacke** und ein **Kultivator,** auch Drei- oder Vierzahn genannt.

Dazu noch einen **Rechen** und einen **Laubbesen,** wenn Sie eine Rasenfläche haben, und einen normalen **Besen** mit robusten Borsten. Wichtig bei allen Geräten mit langen Stielen ist die richtige Länge. Ist der Stiel zu kurz, arbeitet man stets in einer gebückten Haltung, was sich schon bald mit Schmerzen im unteren Rücken bemerkbar macht. Probieren Sie im Gartencenter verschiedene Geräte aus, um ein Gefühl dafür zu bekommen, welche Stiellänge für Sie optimal ist. Im Zweifelsfall wählen Sie lieber einen etwas längeren als einen kürzeren Stiel.

TIPP Bei größeren und selten benutzten Gartengeräten und Werkzeugen sollten Sie sich vor einer Anschaffung überlegen, ob Sie sie wirklich brauchen und einen geeigneten Lagerplatz haben. Wer sich gut mit seinen Nachbarn oder Mitbewohnern versteht, sollte eine gemeinsame Anschaffung ins Auge fassen. So kann man sich nicht nur die anfallenden Kosten für eine ggf. nötige Wartung teilen, sondern auch wertvollen Stauraum. Spezialmaschinen wie Minibagger, Betonmischer oder Rüttelstampfer leiht man ohnehin besser im Baumarkt aus.

Zur Bewässerung brauchen Sie auf jeden Fall eine oder besser zwei **Gießkannen** mit einem abnehmbaren Brauseaufsatz oder einen **Gartenschlauch**.

Zum Transport von Pflanzen, Werkzeug und Material ist in einem größeren Garten eine **Schubkarre** ratsam. Wer weniger Platz hat, kommt auch mit **Eimern** oder **Gartenkörben** aus.

Draht und **Schnur** (nicht aus Kunststoff) dienen als Bindematerial. Besonders praktisch sind **Drahtkordeln,** mit Papier umwickelte Drahtstücke, zum Befestigen und Aufbinden.

Sicherheit

Verletzungen im Garten oder der Werkstatt haben viele Ursachen. Falsche Arbeits- oder Schutzkleidung und ein fehlender Sicherheitsschutz sind die Hauptgründe.

Tragen Sie im Garten immer feste, geschlossene **Gartenschuhe, Gummistiefel** oder **Sicherheitsschuhe** mit eingebauten Metallkappen, das ist bei allen Gartenarbeiten ratsam. Auch **lange Hosen** und **Hemden** schützen vor kleineren Schnitten oder Kratzern, wenn einmal ein Messer ausrutscht oder dornige Zweige geschnitten werden. Die Schuhe sollten auch eine gute Profilsohle haben, damit man bei Nässe nicht so leicht ausrutscht.

Handschuhe sind bei vielen Arbeiten Pflicht. Feste **Lederhandschuhe** schützen vor Spreißeln und Kratzern, **Gummihandschuhe** bewahren die Haut vor Reizungen, wenn man mit Düngern, Pflanzenschutz- und -stärkungsmitteln und anderen Chemikalien wie Holzschutzmitteln oder Farbe arbeitet.

Eine **Schutzbrille** und eine **Staubmaske** sind vor allem dann hilfreich, wenn man Holz schleift. Sie verhindern, dass Holzstaub und Sägespäne in die Augen oder Nase gelangen.

Im Gegensatz zum Arbeiten am Schreibtisch oder im Hobbyraum, wo man bequem am Tisch sitzt, fehlt beim Werkeln im Garten oft der feste Stand. Man arbeitet im Stehen oder sogar in der Höhe auf Leitern oder Trittstühlen. Dazu kommen dann noch scharfe Werkzeuge wie Scheren oder Sägen. Achten Sie vor allem bei elektrischen Geräten wie Heckenscheren, dass sie regelmäßig gewartet werden und auch scharf sind. Unscharfe Heckenscheren erschweren die Handhabung, da man zu viel Druck ausübt und man dann mit der Hand abrutschen kann. Dasselbe gilt für stumpfe Messer. Sorgen Sie beim Arbeiten auf Leitern für festen Stand auf dem Untergrund. Ist dieser weich oder uneben, beispielsweise Rasen, legen Sie ein breites Brett unter die Holme. Idealerweise hält immer eine zweite Person die Leiter an der Basis vom Boden aus fest.

Verbandskasten-Material

- Heftpflaster-Spule mit thermoresistentem Kleber
- Wundschnellverband
- Fingerkuppenverband
- Pflasterstrips in verschiedenen Größen
- mehrere Verbandpäckchen
- Verbandtuch
- Kompressen
- Augenkompressen
- Rettungsdecke
- Fixierbinde
- Dreicktuch
- Schere
- Folienbeutel
- Vlies
- medizinische Einmalhandschuhe
- Erste-Hilfe-Broschüre

Legen Sie scharfe und spitze Gartenwerkzeuge nicht auf dem Boden ab. Sie werden zu Verletzungsfallen, wenn man aus Versehen in sie hineintritt. Wichtig ist auch eine ausreichende Beleuchtung der Arbeitsfläche. So können Sie nicht nur genauer arbeiten, sondern sehen, wo Sie schneiden, sägen oder bohren. Und nehmen Sie sich genug Zeit. »Mal eben schnell« gemachte Tätigkeiten sind weniger sorgfältig ausgeführt, und vor allem steigt das Unfallrisiko unter Zeitdruck. Machen Sie Pausen! Verwenden Sie das richtige Werkzeug. Stumpfe Beitel können leichter abrutschen, genau wie zu große oder zu kleine Schraubendreher und Schrauben- oder Ringschlüssel. Und geht doch einmal etwas schief: Ein Verbandskasten gehört in jeden Gartenschuppen oder Hobbyraum.

TIPP Ordnung halten: Verstauen Sie spitze und scharfe Werkzeuge im Werkzeugkasten oder der Aufbewahrungskiste so, dass Sie sich beim Hineingreifen nicht unabsichtlich an Klingen, Sägeblättern oder Spießen stechen. Ein aufgesteckter Korken kann spitzes Werkzeug entschärfen. Auch sollte der Fußboden in der Werkstatt oder auf der Terrasse, wenn Sie im Freien arbeiten, immer frei von Stolperfallen sein. Werkzeug nicht auf dem Boden liegen lassen, nach Gebrauch verräumen, Stromkabel so legen, dass sie keine Hindernisse sind, und Müll gleich entsorgen.

Tragen Sie bei Arbeiten wie Streichen und Lasieren immer Schutzhandschuhe und gegebenenfalls auch eine Schutzkleidung wie eine Schürze.

Nützliche Ordnungshelfer

Lästiges Suchen nach dem passenden Werkzeug und den Gartengeräten, verlorene Handschuh-Einzelstücke und Unordnung im Gartenregal gehören mit den Tipps und Ideen der folgenden Seiten garantiert der Vergangenheit an.

Clevere Werkzeugaufbewahrung

Nichts ist lästiger, als permanent auf der Suche nach seinem Werkzeug und den Gartenutensilien zu sein. Wer alles in einer Kiste oder Box verstaut, sieht sich schnell einem bunten Durcheinander von Scheren, Geräten, Messern, einem Wirrwarr von Schnüren und Drähten und allerlei Kleinteilen gegenüber, das kaum noch auseinanderzutrennen ist. Abgesehen davon ist es gar nicht so ungefährlich, in einer solchen Kiste nach einem Werkzeug oder Gerät zu suchen, da man sich an offenen Scheren, Messern, Drahtenden oder Schrauben und Nägeln leicht verletzt. Räumen Sie auf, das spart Zeit, Nerven und hält Schrammen fern.

Wer kennt das nicht: ein wildes Durcheinander von Werkzeug, Kleingeräten und Gartenutensilien in der Kiste.

1 **Kleine Handwerkzeuge** wie Blumengabeln, Handschaufeln, Unkrautstecher, Zwiebelblumenpflanzer und dergleichen lassen sich in einem kleinen Eimer mit trockenem Sand lagern. Praktisch: Beim Hineinstecken und Herausziehen wird lose anhaftende Erde gleich mit von den Metallteilen entfernt.

2 **Gartenscheren und Messer,** Schraubendreher, Klappsägen und anderes Werkzeug mit spitzen Enden oder scharfen Schneiden kann kopfüber in einem Eimer, der an der Seite eines Gartenregals befestigt oder an einer gut erreichbaren Stelle aufgestellt wird, aufbewahrt werden. So können Sie sich an den scharfen Klingen und Spitzen nicht verletzen.

3 **Nie wieder »Schnursalat«** Öffnen Sie einen einfachen Draht-Kleiderbügel aus der Reinigung an der Verzwirbelung und fädeln Sie alle Rollen mit Gartenschnur auf. Der Bügel kann griffbereit im Gartenregal oder -schuppen aufgehängt werden oder einfach dahin mitgenommen werden, wo man ihn gerade braucht.

4 **Gartenhandschuhe** haben die lästige Eigenschaft, sich zu verselbstständigen, und manchmal hat man das Gefühl, dass man mehr Zeit mit der Suche nach dem passenden Gegenstück verbringt als mit der eigentlichen Gartenarbeit. Mit Wäsche- oder Drahtklammern sind die Paare immer zusammen verstaut und das Phänomen, dass sich plötzlich nur noch linke oder rechte Handschuhe in der Handschuhkiste befinden, hat ein Ende.

1

2

3

4

Regal aus Weinkisten

Weinkisten aus Fichten- oder Pappelholz sind eine wunderschöne Verpackung für edle Weine und nach dem Genuss der Letzteren viel zu schade, um sie einfach wegzuwerfen. Man kann sich seine Regale natürlich »ertrinken« – was nicht ganz billig ist, da man dann pro Kiste durchaus 60–100 Euro bezahlt. Schneller und günstiger geht es, wenn Sie die Kisten im Internet bei den bekannten Online-Händlern oder Portalen bestellen (siehe Seite 13). Da sich die Kisten häufig in den Maßen leicht unterscheiden – jede Weinkellerei hat ihre eigenen Maße – ist es sinnvoll, für ein Regal alle Weinkisten auf einmal von ein und demselben Anbieter zu erwerben. Einzeln oder nach und nach zusammengesammelte Kisten lassen sich besser als Aufbewahrungsboxen nutzen.

1 Gleich aufeinander Simpel und doch genial sind übereinandergestapelte Weinkisten zu Regalen in beliebig vielen Formen kombinierbar. Wenn Sie nur zwei oder drei Kisten übereinanderstellen, reicht das Eigengewicht aus, damit sie stabil stehen. Werden es drei, vier oder mehr Kisten übereinander, dann sollten Sie die Kisten miteinander verleimen oder verschrauben (siehe nächste Seite).

2 Über Eck Zusätzlichen Stauraum, z. B. zum Aufhängen von Kleingeräten, Werkzeug wie Scheren oder einfach als Ablagefläche, schaffen Sie, indem Sie die Kisten quer und aufrecht stabeln. Damit sie nicht kippen, müssen sie unbedingt miteinander verschraubt oder verleimt sein. Ab einer Regalhöhe von etwa einem Meter ist auch eine zusätzliche Befestigung an der Wand mit einem Winkel empfehlenswert.

3 Aufhängung An kleinen Haken oder Nägeln aufgehängte Klammern helfen dabei, Handschuhe, Lappen oder Handtücher immer griffbereit zu halten.

4 Haken und Ösen Um Kleingeräte oder Scheren an der Seite oder Unterseite aufhängen zu können, schrauben Sie kleine Haken in die Kiste. Achten Sie auf die Maserung: An den helleren Stellen ist das Holz weicher und der Haken lässt sich leichter einbohren.

CHECKLISTE

- Weinkisten
- Spax-Schrauben zum Verbinden
- Akkuschrauber oder Schraubendreher
- Haken und Ösen
- Klammern
- Holzleim
- Schraubzwingen
- Winkeleisen zur Befestigung an der Wand

Zeitbedarf

- 30–60 Minuten (ohne Trockenzeit)

Extras

- Holzlasur/-farbe bei Bedarf, Pinsel
- Kleine Kästen als Einsätze

1

2

3

4

1

2
RENT

3

4

Weinkisten verbinden

Um ein stabiles Regal zu bekommen, müssen die einzelnen Kisten miteinander verbunden werden, damit sie nicht kippen, wegrutschen oder sich verschieben. Eine dauerhafte Verbindung ist am schnellsten mit einfachem Holzleim zu erreichen. Will man das Regal zu einem späteren Zeitpunkt umbauen oder neu kombinieren, werden die Kisten besser nur miteinander verschraubt.

1 Tragen Sie Holzleim auf die Seiten der Kisten, die Sie miteinander verbinden möchten, auf. Verwenden Sie nicht zu viel Leim, sonst quillt er später nur an den Seiten über.

2 Mit einer Holzleiste wird der Leim zu einem dünnen Film ausgestrichen. Lassen Sie ihn dann etwas antrocknen. Wie lange ist vom Fabrikat abhängig – lesen Sie die Anleitung auf der Verpackung vorher durch. Sie müssen nicht die gesamte Fläche mit Leim bestreichen. Es reicht, wenn Sie jeweils an den Enden und in der Mitte eine etwa 10 × 10 cm große Fläche beleimen.

3 Wenn der Holzleim beim Berühren nicht mehr klebt, können die beiden Holzflächen aufeinander gelegt werden.

4 Die Festigkeit der Verleimung ist nicht von der Menge des verwendeten Leims, sondern von dem Druck, mit dem die beiden Flächen aufeinandergepresst werden, abhängig. Mit Schraubzwingen lassen sich die Kistenseiten fest und lange genug (am besten über Nacht) bis zum Aushärten bzw. Trocknen des Leims aufeinanderpressen.

5 Zum Verschrauben reichen kleine, etwa 12 mm lange Holzschrauben aus. Messen Sie die Dicke der Holzbretter ab, die Schrauben sollten etwa 2–3 mm kürzer sein als die doppelte Dicke, damit sie nicht durchstoßen.

Zum Schrauben eignen sich kleine Akkuschrauber oder Schraubendreher mit verkürzter Länge, mit denen Sie auch gut im Inneren der Kiste schrauben können.

Damit die Kistenseiten bzw. -böden fest aufeinandersitzen, sollten sie mit vier Schrauben verbunden werden. Setzen Sie die Schrauben so, dass man sie später nicht mehr sieht. Steht das Regal auf dem Boden, von der Unterseite der waagrechten Böden, hängt es an der Wand ggf. von der Oberseite, wenn sich diese auf Augenhöhe oder noch darüber befinden.

Regal aus Obstkisten

Obstkisten sind stabil und haben durch die oft langjährige Nutzung eine wunderschöne Patina. Die Standardgröße beträgt etwa 50 cm Länge, 30–40 cm Breite und 28–30 cm Höhe. Die Höhe kann etwas variieren, daher gilt auch hier: Versuchen Sie, für ein Regal möglichst alle Kisten aus einer Charge auf einmal zu bestellen, damit Sie es gleichmäßig aufbauen können.

Da die Bretter rauer und nicht so glatt gehobelt sind, wie bei Weinkisten, und die Kisten auch nicht so schön gleichmäßig geformt sind, ist es nicht ratsam, sie mit Holzleim miteinander zu verbinden. Besser ist es, die Kisten mit selbstschneidenden Spax-Schrauben fest zusammenzufügen.

CHECKLISTE

- Obstkisten
- Spax-Schrauben zum Verbinden
- Akkuschrauber oder Schraubendreher
- Winkeleisen zur Befestigung an der Wand

Zeitbedarf

- 30–60 Minuten je nach Regalgröße

Extras

- Holzlasur/-farbe bei Bedarf, Pinsel
- Kleine Bretter als Einlage, damit zwischen den Brettern nichts hindurchfällt

Dazu verbindet man die Kisten an den Holzkeilen, die in den Ecken angebracht sind. Die Seitenbretter sind zu dünn, um sie miteinander zu verschrauben – das Holz reißt, wenn man eine Schraube hineindreht.

Die Kombinationsmöglichkeiten sind ähnlich vielseitig wie bei Weinkisten, probieren Sie erst »trocken« aus, welche Regalform am besten passt oder wie Sie Ihr Werkzeug und die Utensilien verstauen können.

1 Hochkant auf- und nebeneinander gestellt, ergeben vier Kisten ein Regal mit einer Größe von 60 × 100 cm. Mit jeder Kistenlage kommen noch einmal 50 cm dazu. In den hohen Fächern können Sie problemlos auch höhere Gegenstände wie (leere) Gießkannen unterbringen. Das Regal sollte unbedingt auch an der Wand befestigt werden, damit es nicht umkippt.

2 Quer ergibt sich mit vier Kisten ein Regal mit einer Breite von 100 cm und einer Höhe von 60 cm. Durch die größere Auflagefläche sind die Kisten in sich recht stabil. Sie brauchen nicht unbedingt miteinander verschraubt zu werden, wenn nicht mehr als zwei Lagen übereinander gestapelt werden.

3 und **4** Lassen Sie Ihrer Fantasie beim Regalbau freien Lauf. Die Kisten können hoch und quer gestapelt werden. An der senkrechten Seite in der Mitte können Sie Haken oder Ösen zum Aufhängen von Kleingeräten oder anderen Utensilien anbringen.

1

2

3

4

Eimer, Töpfe, Kannen, Gartengeräte – alles findet seinen Platz in einem Obstkistenregal.

Noch mehr Ideen für Gartenregale

1 Durch den offenen Boden bzw. die Spalten in den Seiten und im Boden lassen sich Obstkisten einfach mit Haken oder an Nägeln an einer Holzwand, z. B. von einem Gartenschuppen, aufhängen. So sind Kleingeräte wie Scheren, Handschaufeln, Gartenmesser und Blumentöpfe immer greifbar.

Mit einer dicken Kordel sind Blumentöpfe aus Ton daneben aufgehängt. In denen finden allerlei nützliche Kleingeräte wie Schnur, Scheren, Wäscheklammern, Topfbürsten und Pikierhölzchen sowie Etiketten Platz.

Farbe im Garten

Wenn Sie Ihre Obstkisten mit Holzfarbe bunt anstreichen möchten, sollten Sie sie vorher gut mit einer Drahtbürste von Algen, Staub und Schmutz befreien. Die vielen Jahre, die sie in Gebrauch waren, haben ihre Spuren hinterlassen. Anschließend mit einem scharfen Wasserstrahl abspritzen und gut trocknen lassen. Erst dann können sie gestrichen werden. Nur bei neuen, ungebrauchten Holzkisten haftet die Farbe ohne vorherige Reinigung ausreichend.

Mini-Hochbeet

Mit einem Stück Plastikfolie ausgekleidet, können Sie die Holzkisten auch als rustikale Pflanzgefäße für Gemüse, Kräuter und Sommerblumen nutzen. Vergessen Sie nicht, auf der Unterseite die Folie mit Löchern oder Schlitzen zu versehen, damit Gieß- und Regenwasser abfließen können und sich keine Staunässe bildet.

1

Topfregal

Dieses Topfregal aus Holz kann in beliebiger Länge für viele Töpfe gebaut werden. Wenn es länger als 1 m ist, sollten zusätzliche Dreiecksstücke zur Stabilisierung eingefügt werden.

1 Messen Sie die Position der Bohrlöcher für die drei Töpfe ab. Eins in der Mitte des Bretts, die beiden übrigen je ein Viertel der Länge von den Seiten entfernt.

2 Mit einem Lochbohraufsatz werden nun die drei Löcher, in die später die Töpfe gesteckt werden, gebohrt. Der Durchmesser muss ein paar Zentimeter weniger als der Topfdurchmesser betragen. Legen Sie das Brett auf eine dicke Holzunterlage, damit Sie nicht in Ihren Arbeitstisch bohren.

3 Befestigen Sie nur die Dreieckskeile am Brett, das an die Wand geschraubt wird. Anschließend wird das mit den Topfhalterungen durchbohrte Brett auf der anderen Seite der Keile angeschraubt.

4 Bevor Sie das Brett mit Töpfen an der Wand aufhängen, wird es mit Holzfarbe gestrichen, damit es nicht so schnell verrottet. Wählen Sie dazu eine harmonierende oder kontrastierende oder zu den Töpfen oder Pflanzen passende Farbe.

Elegant hängen die Töpfe im Regal, das farblich passend zur Hauswand gestrichen ist.

CHECKLISTE

- 2 Bretter, ca. 60 cm lang × 15 cm breit × 2,5–3 cm dick
- 2 Dreiecksstücke
- 8 Spax-Schrauben 45 mm lang
- Bleistift und Metermaß
- Bohrmaschine mit Lochbohrer
- Akkuschrauber oder Schraubendreher
- 3 Pflanztöpfe

Zeitbedarf

- 60 Minuten (ohne Trockenzeit)

Extras

- Holzlasur/-farbe bei Bedarf, Pinsel

1

2
BOSCH

3

4

Gartenregal aus einer Leiter

Alte Leitern, die vielleicht nicht mehr so stand- und trittsicher sind, oder die man besser nicht mehr benutzt, weil die Sprossen wackeln, können als Gartenregal noch ein paar Jahre ihren Dienst im Garten versehen, bevor man sie endgültig entsorgt.

1 Säubern Sie die Leiter oberflächlich von Schmutz oder Farbresten, jenachdem, wofür sie in der Vergangenheit genutzt wurde.

2 Stellen Sie die Leiter an ihrem neuen Platz auf und messen Sie den Abstand der Sprossen ab, auf die Sie die Bretter als Regalböden legen möchten. Die Bretter sollten nicht mehr als 20 cm überstehen, da sonst das Regal kippen kann, wenn es nicht gleichmäßig beladen wird.

3 Kürzen Sie die Bretter ggf. in der Länge ein.

4 Auf der Unterseite können Sie Nägel einschlagen, und zwar so, dass das Brett beim Auflegen auf der Sprosse »einrastet« und nicht zu den Seiten verrutschen kann.

5 Auf das vorletzte Sprossenpaar kann auch statt eines Bretts eine kleine Holzkiste platziert werden, als Pflanzschale oder zum Verstauen oder Ablegen von Kleingeräten und Utensilien.

Auf Tritt- oder Anlehnleitern mit breiten Trittsprossen können die Töpfe wie auf einer Treppe stehen.

CHECKLISTE

- Alte, selbst stehende Klappleiter
- Bretter in der Breite der Sprossen
- Bürste und Schleifpapier
- kurze Bretter oder kleine Holzkiste, so breit wie die Sprossen
- Metermaß, Säge
- Hammer
- kurze, dicke Nägel

Zeitbedarf

- 15 Minuten (ohne Trockenzeit)

Extras

- Holzlasur/-farbe bei Bedarf, Pinsel

Ein oder zwei Bretter, eine Holzkiste und eine alte Klappleiter, die zum Selbstbesteigen zu morsch ist – fertig ist das Gartenregal.

Trockengestell aus Bilderrahmen

Gewürzkräuter mit großen, festen Blättern wie Salbei oder Lorbeer sollten nicht in hängenden Bündeln wie Rosmarin oder Thymian getrocknet werden, sondern flach ausgelegt. Trocknet man sie in Sträußchen, so kann es vor allem bei Salbei zu Schimmelbildung kommen, da nicht genug Luft von allen Seiten an die Blätter gelangt. Auf diesem Rahmen trocknen die Blätter gleichmäßig und können, wenn sie »rascheltrocken« sind, in verschlossenen Schraubgläsern aufbewahrt werden.

1 Drücken Sie das selbstklebende Klettband an die Innenseite des Rahmens.

Ideal zum Trocknen großer Blätter von Salbei oder Lorbeer und schön anzuschauen obendrein.

2 In den Ecken wird das Band mit einem scharfen Messer diagonal abgeschnitten.

3 Das Fliegengitter wird nun auf das Klettband gelegt.

4 Streichen Sie das Band mit dem Spachtel fest auf das Klettband.

5 Überstehende Gaze kann mit dem beigelegten Messer leicht abgetrennt werden.

6 Zum Schluss werden die Klappösen an den Rahmen genagelt. Ziehen Sie eine Schnur durch, dann kann der Rahmen aufgehängt werden. Wenn Sie mehrere Rahmen übereinander hängen (Abstand ca. 10–15 cm), entsteht ein kleines Hängeregal zum Kräutertrocknen.

CHECKLISTE

- 1 ausrangierter Bilderrahmen, z.B. vom Flohmarkt
- Klettband für Fliegengitter mit Montagezubehör
- Fliegengitter
- Hammer und Messer
- 4 Bilderrahmen-Aufhänger oder Bilderrahmen-Klappösen mit Nägeln
- Schnur

Zeitbedarf

- 15 Minuten pro Rahmen

1

2

3

4

5

6

Gartensekretär aus einer Truhe

Diesen Wandsekretär können Sie entweder aus Leisten und Brettern komplett selbst bauen – oder, noch einfacher, aus einer Holztruhe mit Deckel anfertigen, ergänzt mit ein paar Extras.

1 Wenn die Holzkiste unbehandelt ist, sollte sie mit einer Holzlasur oder einer Holzfarbe gestrichen werden, wenn sie draußen im Garten Wind und Wetter ausgesetzt ist. Streichen Sie dazu die Kiste erst von innen, dann lassen Sie sie gut durchtrocknen, bevor Sie die Außen- und dann die Rückseite streichen. Ggf. muss die Farbe zweimal aufgetragen werden.

CHECKLISTE

- Holztruhe
- 2 Schubriegel
- 4 Ringösen
- 2 Stücke Kette, ca. 30 cm lang
- Haken, Ösen, Schrauben und evtl. Dübel für die Wandbefestigung
- Bohrmaschine
- Akkuschrauber oder Schraubendreher
- kleine Bretter für die Unterteilung

Zeitbedarf

- 30 Minuten zum Aufbauen
- 45 Minuten zum Lasieren (ohne Trockenzeit)

Extras

- Holzlasur/-farbe bei Bedarf, Pinsel

2 Als Nächstes werden an der Kante des Deckels und an den Seiten der Kiste die beiden Schubriegel angebracht, die später verhindern, dass die Klappe (der Deckel) sich von alleine nach unten öffnet.

3 Auf der Innenseite der beiden Seitenwände und auf der Innenseite des Deckels werden nun die vier Ösen eingeschraubt, an denen die Ketten befestigt werden. Sie verhindern, dass der Deckel senkrecht nach unten fällt, wenn der Wandsekretär geöffnet wird. So kann der Deckel als kleine, waagrechte Ablage oder Arbeitsfläche genutzt werden.

4 Der Wandsekretär kann mit Haken und Ösen an jeder senkrechten Fläche befestigt werden, vorausgesetzt, sie ist tragfähig genug. In Holzwände können Sie direkt schrauben, in Ziegel-, Beton- oder vergipste bzw. verputzte Wände müssen Sie Löcher vorbohren, in die Dübel gesteckt werden. Die Länge und Größe der Dübel ist nicht nur von der Größe (und dem Gewicht) der Truhe abhängig, sondern auch vom Untergrund bzw. dem Wandmaterial. Fragen Sie im Baumarkt nach den passenden Dübeln und Schrauben, damit Sie Ihren Gartenwandsekretär sicher dauerhaft an der Wand montieren können.

Dieser Sekretär ist ideal, um Kleingeräte, Sämereien, Etiketten oder kleine Töpfe zu verstauen. Mit senkrechten und waagrechten Brettern sowie Haken und Ösen lässt sich der Innenraum beliebig einteilen und organisieren.

1

2

Alles rund um die Pflanzen

Beeteinfassung, Hochbeet, Töpfe aus Beton, Pflanzgefäße aus Weinkisten, Kräuterturm, Mini-Wassergarten oder das Gärtnern auf Strohballen – in diesem Kapitel stehen Pflanzen und was sie brauchen im Vordergrund.

Beeteinfassung

Beeteinfassungen sind praktisch, da sie verhindern, dass Erde, Kompost oder Pflanzsubstrat aus Gemüse- oder Kastenbeeten auf die umlaufenden Wege oder den Rasen geschwämmt werden. Gleichzeitig halten sie Unkraut, Kies oder Rindenmulch von den Wegen aus dem Beet fern.

Kleinere Einfassungen mit einer Abmessung von etwa 100–120 cm Breite und bis 200 cm Länge bauen Sie am einfachsten wie einen Bettkasten auf einer ebenen, glatten Unterlage und stellen den Rahmen dann aufs Beet. Größere Einfassungen oder solche aus Stein, Metall, Palisaden oder dicken Holzblöcken werden besser direkt im Beet gebaut.

CHECKLISTE

- 4 Bretter, ca 20 cm hoch, 80–120 cm lang, 2,5–3 cm dick
- Bleistift oder anderer Stift
- 8–12 Spax-Schrauben 40 mm lang
- Handbohrer oder Bohrmaschine
- Akkuschrauber oder Schraubendreher

Zeitbedarf

- 20–30 Minuten pro Rahmen

Extras

- Holzlasur bei Bedarf, Pinsel
- Pflöcke zur Stabilisierung bei Brettern, die länger als 200 cm sind

1 Legen Sie drei der vier Bretter übereinander und stellen Sie das Vierte mit der Kante bündig ans Ende des oberen Bretts. Mit einem Bleistift oder Kugelschreiber wird die Dicke der Bretter an den Enden der Planken markiert.

2 Bohren Sie nun mit einem Handbohrer Löcher in der Mitte der markierten Fläche – bei 20 cm hohen Einfassungen reichen zwei Schrauben (also zwei Löcher) für eine stabile Verbindung der Ecken. Wenn Sie die Löcher vorbohren, lassen sich die Schrauben später leichter eindrehen. Bei Brettern aus hartem Holz wie Robinie, Eiche, Douglasie oder Lärche ist es sogar notwendig, vorzubohren. Nur bei Weichholz wie Kiefer, Fichte oder Tanne kann auch ohne Vorbohren geschraubt werden.

3 Verbinden Sie nun die Bretter, indem Sie sie zusammenschrauben. Akkuschrauber schonen die Handgelenke, vor allem wenn man mehrere Einfassungen baut. Wenn Sie einen quadratischen Kasten bauen und alle Bretter gleich lang sind, werden die Stirnseiten der Bretter jeweils versetzt zusammengeschraubt. Ist die Einfassung rechteckig, schrauben Sie die Stirnbretter beide frontal auf die Seitenbretter. Wenn Sie sie versetzt anschrauben, wird das Beet nicht rechtwinklig.

4 Die fertige Einfassung kann nun im Beet platziert und mit Kompost, feiner Gartenerde oder Pflanzsubstrat gefüllt werden. Lassen Sie das Kastenbeet ein paar Tage ruhen, damit sich alles setzen kann, bevor Sie säen oder pflanzen.

1

2

3

4

Auch gut eingefasst

5 Seitenstabilisierung Längere Bretter sollten zusätzlich von außen mit senkrecht in den Boden geschlagenen Pflöcken stabilisiert werden, damit sie sich nicht nach außen biegen.

6 Holzbohlen, die wie beim Blockhaus übereinander gestapelt werden, lassen sich zu beliebiger Höhe zusammensetzen.

7 Transportkistenaufsätze für Europaletten sind mit Metallscharnieren an den Ecken verbunden und in einer Minute zu einer 80 × 120 cm großen Einfassung aufgeklappt. Für größere Beete stellt man einfach mehrere hintereinander. Die Rahmen lassen sich auch stapeln, sodass Sie die Wahl haben zwischen Einfassungen von 20, 40 oder 60 cm Höhe.

8 Ziegel und flache Steine können bis zu einer Höhe von etwa 30 cm ohne Mörtel zu einer Einfassung geschichtet werden.

9 Einfassungen aus Metall, wie hier aus Cortenstahl, gibt es als Bausatz oder Maßanfertigung vom Schlosser.

10 Holzeinfassungen lassen sich in jeder beliebigen Farbe streichen – passend zu anderen Gartenelementen oder den Pflanzen, die in ihnen wachsen sollen.

11 Schwere Kanthölzer sind ideal für Gemüsebeete, da man auch einmal auf den Beetrand steigen kann, wenn man zwischen den Gemüsen hackt oder erntet.

8

9

10

11

Frühbeet und Vliestunnel

Frühbeete sind kleine Turbo-Wachstumsbeschleuniger. Da sich der Boden in ihnen im Frühjahr schneller erwärmt als in offenen, ungeschützten Beeten, keimen Samen schneller und die Jungpflanzen haben einen Wachstumsvorsprung gegenüber ihren Beetnachbarn, die unter freiem Himmel wachsen müssen. Statt ein teures Fertigmodell zu kaufen, können Sie auch ein Frühbeet selber bauen.

1 **Frühbeetkasten für hohe Gemüse** Auf einen Rahmen aus Holzbrettern wird ein Lattengestell gebaut, das an den Seiten mit Plexiglas, alten Fenstern oder Glasscheiben geschlossen wird. Die Frontseite ist leicht schräg, dann gelangt mehr Licht ins Innere an die Pflanzen.

Das Dach besteht aus einem Vlies oder einer Folie, die am unteren Ende an einem Rundholz oder an einer Latte befestigt wird. So kann das Vlies wie ein Vorhang auf der Vorderseite tagsüber hoch- und nachts oder bei kaltem Wetter heruntergerollt werden.

2 **Einfassung mit Folienabdeckung** Auf eine Einfassung aus Holz oder Stein wird ein passender Rahmen gesetzt, der mit Folie bespannt wird. Damit der Rahmen offen stehen bleibt, kann er mit einem Stab oder einer Latte gestützt werden, oder er wird mit einer Schnur an einem Zaun oder Ast, der über dem Frühbeet wächst, hochgehalten.

Wenn die Pflanzen größer werden und nicht mehr so empfindlich sind, wird er entfernt.

3 **Vlies- oder Folientunnel** Schutz vor nächtlicher Kälte, Temperaturschwankungen und lästigen Gemüsefliegen bieten Polytunnel, die mit Vlies bespannt werden. Im Gegensatz zu einer Folienüberdachung besteht kaum Gefahr der Überhitzung, da das Vlies luftdurchlässig ist. Auch die Gefahr von Pilzkrankheiten durch Schwitzwasser und zu hohe Luftfeuchtigkeit ist geringer. Das Vlies ist so eng verwebt, dass Möhren-, Zwiebel-, Lauch- oder Kohlfliegen keine Chance haben, ihre Eier an den Gemüsejungpflanzen abzulegen – vorausgesetzt, das Vlies ist rundherum bündig auf dem Boden befestigt und weht bei Wind nicht hoch.

Zum Bau werden einfach lange Metallstäbe U-förmig gebogen und in Abständen von circa 80–100 cm ins Beet gesteckt. Es gibt auch fertige Bausätze oder Konstruktionen. Auch ein U-förmig gebogenes Baustahlgitter leistet gute Dienste, allerdings sollte dies nicht zu lang sein, damit man die Pflanzen noch gut erreichen kann. Stücke von etwa 1 m Länge mit einem Abstand von 50 cm sind ideal. Damit man sich an den spitzen Enden nicht verletzt, steckt man Korken darüber.

4 **Plexiglasabdeckung** Die simpelste Möglichkeit, ein besseres Wachstumsklima für Jungpflanzen und Aussaaten im zeitigen Frühjahr zu erzeugen, besteht aus einer Abdeckung mit einer losen Plexiglasplatte oder Glasplatte. Plexiglas ist leichter, lässt viel mehr UV-Licht an die Pflanzen durch und zerbricht nicht so leicht wie einfaches Glas.

1

2

3

4

Hochbeet aus Leimholzbrettern

Dieses Hochbeet aus Leimholzbrettern ist in weniger als einer dreiviertel Stunde aufgebaut.

1 Schrauben Sie die kurzen Bretter auf einer ebenen Unterlage mit zwei bis drei Schrauben bündig an die Kanthölzer. Bei weichen Hölzern wie Fichte, Tanne oder Kiefer müssen Sie keine Löcher zum Schrauben vorbohren.

Bereiten Sie die beiden schmalen Seitenelemente komplett vor, indem Sie jeweils die beiden Bretter nebeneinander an die zwei Kanthölzer schrauben. Das überstehende Stück des Kantholzes wird später in die Erde gedrückt.

2 Stellen Sie das Seitenteil hochkant und schrauben Sie nun die langen Bretter, die die Seite des Hochbeets bilden, fest.

3 Ziehen Sie die letzten Schrauben fest.

4 Anschließend den Maschendraht am Boden des Beetes fest am Rand festtackern.

5 Nun kann das Hochbeet wie eine Kiste umgedreht werden.

6 Die Teichfolie wird innen ringsum an der Oberkante mit dem Tacker befestigt.

Vergewissern Sie sich vor dem Baubeginn, dass alles benötigte Material und Werkzeug bereitliegt.

CHECKLISTE

- 4 Leimholzbretter, 40 × 80 cm und 2,5 cm stark
- 4 Leimholzbretter, 40 × 120 cm und 2,5 cm stark
- 4 Kanthölzer 4 × 4 × 90 cm
- Maschendraht 100 × 130 cm
- Teichfolie 0,8 × 4 m (0,5 mm dick)
- 24–32 Spax-Schrauben 40 mm lang
- Akkuschrauber oder Schraubendreher
- Tacker und Klammern

Zeitbedarf

- 45 Minuten

Extras

- Holzlasur bei Bedarf, Pinsel

1

2

3

4

5

6

Gärtnern im Hochbeet

Gärtnern im Hochbeet hat viele Vorteile. Der wichtigste: Man muss sich nicht mehr bücken, denn die Pflanzen wachsen bequem erreichbar in Hüfthöhe. Außerdem sind Sie unabhängig vom gewachsenen Boden und können z.B. auch Pflanzen anbauen, die normalerweise im Garten nicht wachsen: Heidelbeeren, wenn Sie Kalkboden haben, oder Tomaten, wenn Sie Probleme mit Kraut- und Braunfäule haben. Füllen Sie das Hochbeet dann einfach mit einem geeigneten Pflanzsubstrat, in diesem Fall Moorbeeterde für die Heidelbeeren oder Balkonblumen- bzw. Gemüseerde für die Tomaten, die frei von Krankheitserregern sind. Auch Unkraut ist im Hochbeet kaum ein Problem.

Als unterste Schicht kommen Äste, Zweige und grobe Pflanzenteile ins Hochbeet.

Standort

Wenn Sie im Hochbeet Gemüse und Kräuter anbauen möchten, sollte der Standort so sonnig wie möglich sein – bei weniger als sechs oder sieben Stunden direkter Sonne am Tag kümmern die Pflanzen. Stellen Sie das Beet in Nord-Süd-Richtung auf, dann werden alle Pflanzen gleichmäßig besonnt.

Maschendrahtboden

Ein Boden aus Maschendraht oder Vierkantgeflecht hält Mäuse, Ratten und Wühlmäuse fern, die sich im groben Material der untersten Schicht gerne einnisten. Die Maschenweite sollte etwa einen Zentimeter betragen.

Folienauskleidung

Die Auskleidung der Innenwände mit einer Teichfolie (oder jeder anderen stabilen Folie) verhindert den direkten Kontakt der feuchten Erde mit der Holzwand. So geschützt ,hält die Konstruktion länger, da Pilze und Bakterien das Holz nicht angreifen können. Wenn Sie das Holz mit einer Schutzfarbe oder -lasur streichen, muss diese pflanzenverträglich sein. Normale Lasuren und Holzfarben geben giftige Substanzen ab, die Gemüse und Kräuter ungenießbar machen.

Hochbeet befüllen

Die klassische Füllung eines Hochbeets besteht aus drei bis vier Schichten. Die unterste Schicht, etwa 30–40 cm hoch, besteht aus Ästen, Zweigen, Holzhäckseln und groben, nicht verrotteten Pflanzenteillen. Treten Sie das Material fest, sonst sackt es im Laufe der Zeit zusammen. Diese Schicht dient als Dränage und verhindert, dass sich Wasser im Beet staut. Auf diese Lage kommt bei Bedarf eine Schicht umgedrehter Rasensoden, der anfällt, wenn Sie das Hochbeet auf einer Rasenfläche aufstellen. Wenn Sie keine Soden haben, füllen Sie als Nächstes eine 20–30 cm dicke Schicht Rohkompost, also halbverrottetes Pflanzenmaterial ins Beet. Darüber kommt als Abschluss eine etwa 20 cm starke Schicht aus Pflanzerde oder ein Gemisch aus Gartenerde und feinem, reifem Kompost (Verhältnis 1 : 1), in die dann gesät und gepflanzt wird.

Wenn Sie das Hochbeet im Herbst anlegen (wenn am meisten Pflanzenmaterial zum Füllen zur Verfügung steht), sollte es über den Winter mit einer Folie abgedeckt werden, damit die Nährstoffe nicht ausgewaschen werden.

TIPP Ein Hochbeet sollte nicht breiter als 1,2 m oder die doppelte Armlänge sein, da sonst die Pflege und Ernte der Pflanzen mühsam ist. Planen Sie bei langen Hochbeetreihen Durchgänge zwischen den Beeten ein, damit Sie nicht unnötig die Reihen auf- und ablaufen müssen. Bei Hochbeeten, die länger als 2 m sind, sollten Sie zur Verstärkung der Seitenwände von innen Holzlatten diagonal an die Bretter schrauben. So verstärkt, wölben sich die Bretter nicht nach außen, wenn von innen schwere Erde dagegendrückt oder sich im Winter beim Gefrieren ausdehnt.

Strohballenbeete sind kleine Intensivstationen für Gemüse und Kräuter. Hier können sie viel dichter wachsen als im traditionellen Gemüsegarten.

Hochbeet aus Europaletten

Europaletten sind ein geniales Material zum Bauen von diversen Elementen im Garten. Sie sind stabil, günstig und vielseitig und halten viele Jahre. Dieses Hochbeet misst etwa 120 × 150 cm und ist 80 cm hoch. Wenn Sie das Beet schmaler bauen möchten, können Sie einfach eine oder zwei Paletten für die Stirnseiten mit einer Säge verkürzen.

1 Stellen Sie die vier Paletten dort auf, wo das Hochbeet stehen soll. Die Konstruktion ist später so schwer, dass man sie im Gegensatz zu einem Hochbeet aus verhältnismäßig leichten Brettern oder Leimholz (siehe Seite 48) nicht mehr einfach umstellen kann.

2 Bei diesem Hochbeet zeigt die Oberseite der Paletten nach außen. Wenn Sie die Paletten andersherum (mit der Außenseite nach innen) aufstellen, können Sie wie ab Seite 86 beschrieben, die Seiten mit Kräutern, kleinen Gemüsen oder Blumen bepflanzen.

CHECKLISTE

- 4 Europaletten (120 × 80 cm)
- 12 Metallwinkel circa 40 mm
- 24–48 Spax-Schrauben 40 mm lang
- Teichfolie oder Abdeckplane für eine Fläche von 4,8 × 0,8 m
- Akkuschrauber oder Schraubendreher

Zeitbedarf

- 45–60 Minuten

3 Metallwinkel sind am praktischsten zur stabilen Verbindung der Paletten in den Ecken. Pro Ecke werden die Paletten oben, in der Mitte und unten verschraubt. Sie müssen pro Winkel nicht durch alle vier Löcher schrauben. Es reicht, wenn Schrauben in die äußeren Löcher geschraubt werden. Wenn Sie nicht möchten, dass die Schrauben an den dünneren Brettern (im Bild durch die Hand verdeckt) durchstoßen, verwenden Sie nicht die 40 mm langen, sondern kürzere (12–15 mm). Spax-Schrauben sind besonders gut geeignet, da sie ein selbstschneidendes Gewinde haben und sich leichter eindrehen lassen.

4 Zum Schluss wird auf der Innenseite der Seitenwände eine Teichfolie oder einer Abdeckplane angetackert, die verhindert, dass die Erde durch die Lücken aus dem Beet fällt. Auch ein stabilies Bändchengewebe wie ein Unkrautschutzvlies ist geeignet.

Wenn Sie in die Schlitze der Außenseite Pflanzen setzen möchten (siehe Seite 90), muss noch ein Vlies im Zwischenraum befestigt werden (am besten geht das, bevor Sie die Paletten aufbauen). In den Zwischenraum, der bei der Palette zum Einschieben der Staplergabel dient, kann nun Pflanzerde gefüllt werden. Durch kleine Schlitze, die in das Vlies zwischen den Spalten geschnitten werden, können Sie dann die Jungpflanzen einsetzen. Die obere Fläche wird normal bepflanzt oder ein passender Pflanzkasten oder eine rechteckige, schmale Kunststoff-Box eingesetzt.

1

2
EPAL

3

4

Gestaltungsideen mit Paletten im Garten

Mit Paletten können Sie Sitzmöbel, Etagenbeete, Pflanztische oder Sichtschutzwände bauen. Ideen für bepflanzte, vertikale Palettenwände finden Sie ab Seite 86.

1 **Paletten-Pflanztisch** Zwischen zwei senkrecht aufgestellten Paletten können Sie Kunststoffkisten oder Gemüsekörbe klemmen. Sie werden mit Pflanzerde gefüllt und dienen dann als kleines Hochbeet für Gemüse, Kräuter oder einfach nur Sommerblumen. Damit die Paletten nicht auseinanderfallen, werden sie einfach mit zwei diagonalen Latten verbunden. Schrauben Sie diese versetzt (also einmal an der unteren, auf der anderen Seite an der oberen Seite der gleichen Palette an.

2 **Beete in mehreren Etagen** Zwischen zwei Paletten werden Bretter gelegt, auf die Pflanzkästen, Töpfe oder Schalen gesetzt werden. Durch die unteren beiden Paletten werden zwei Bretter geschoben, schon sind sie verbunden. Besonders praktisch: Durch die Möbelrollen, die auf der Unterseite der seitlichen Paletten geschraubt sind, kann das Doppelstockbeet wie ein überdimensionaler Teewagen auf der Terrasse verschoben werden.

3 **Sichtschutzwand und Gartenregal** Mit senkrecht aufgestellten Paletten können Sie Sichtschutzwände bauen. Damit die Paletten nicht umkippen, werden auf der Unterseite flache Bretter mit Winkeleisen quer angeschraubt. Sie können auch Halterungen für quadratische Zaun- oder Pergola-Stützen einbetonieren, in die die Palette gestellt wird. Schieben Sie Bretter auf die Blöcke der Palette, damit sie wie auf einem Regal Pflanztöpfe oder Deko platzieren können. Ein auf das obere Palettenende geschraubtes oder genageltes Brett bildet den Abschluss. Sie können dieses Brett auch von unten mit Winkeln befestigen, wenn Sie keine sichtbaren Schraubköpfe auf der Oberfläche möchten. Da zwischen den Brettern Luft und Licht hindurchkommen, wirkt die Trennwand trotz der schweren Palette nicht so massiv oder gar drückend, wie man meinen könnte.

Eine weitere Idee wäre auch, dieses Gartenregal in der Nähe des Gemüsegartens aufzustellen und dort an Haken an den Innenseiten der Palette kleine Handgeräte aufzubewahren. So hat man sie immer griffbereit beim Gärtnern und kann sie nach getaner Arbeit gleich wieder ordentlich wegräumen.

4 **Möbel aus Paletten** Aus zwei oder drei Paletten lässt sich ein Gartentisch bauen. Die Paletten müssen dabei nicht direkt übereinander gestapelt werden, sondern können längs- oder quer versetzt in beliebiger Form miteinander verbunden werden. Damit die Paletten fest zusammen halten, werden sie mit Schrauben verbunden oder mit Metallwinkeln. Wenn Sie einzelne oder mehrere Bretter in der Mitte der Palette heraussägen, können Sie in die so entstandene Vertiefung Pflanzgefäße versenken wie einen Kübel mit Kräutern. So haben Sie beim Essen im Garten immer frisches Grün zum Würzen direkt vor dem Teller.

Der Bau von Stühlen, Sesseln oder Bänken ist etwas aufwändiger, aber ebenfalls nicht schwer. Paletten, die man rechtwinklig aneinanderfügt, werden mit Winkeln verbunden. Die Querverbindungen der Paletten können als Auflage für waagrechte Bretter oder Paletten dienen.

Palettenmöbel können mit Holzfarbe oder einer Holzschutzlasur in jeder beliebigen Farbe gestrichen werden. Achten Sie darauf, dass die Farbe für den Einsatz im Außenbereich geeignet ist, wenn Sie die Möbel im Freien aufstellen. Die Oberflächen müssen glattgehobelt und geschmirgelt sein, damit man sich beim Sitzen und Benutzen keine Spreißel einsticht.

3

4

Kastenbeet

Der Anbau von Gemüse in quadratischen Kästen hat viele Vorteile. Arbeiten wie Gießen und Unkrautjäten gehen leichter von der Hand, und im Gegensatz zu Hochbeeten brauchen Sie zur Füllung der Kästen viel weniger Kompost und Substrat, was sich in den Kosten niederschlägt. Außerdem können Sie die Kästen schnell und unkompliziert mit Vlies, Folie oder Gemüseschutznetzen abdecken oder eine Überdachung bauen. Und wenn Sie den Kasten mit Leisten in kleinere Rasterquadrate einteilen (siehe Seite 58), können Sie Ihre Gemüse und Kräuter in einem trendigen Square Foot Garden anbauen.

CHECKLISTE

- 4 Bretter, circa 20 cm hoch, 120 cm lang, 2,5–3 cm dick
- 8–12 Spax-Schrauben 40 mm lang
- Bleistift oder anderer Stift
- Handbohrer oder Bohrmaschine
- Akkuschrauber oder Schraubendreher
- Unkrautschutzvlies, circa 1,5 × 1,5 m
- Schere
- Tacker und Klammern

Zeitbedarf

- 30 Minuten pro Rahmen

Extras

- 4 dünne Leisten, 125 cm lang, 2 cm breit und 8 mm dick
- 12 kurze Holzschrauben (15 mm)

1 Bauen Sie eine quadratische Beeteinfassung (siehe Seite 42) mit einer Seitenlänge von 1,2 m und einer Höhe von etwa 20–30 cm. Schrauben Sie die Bretter mit den Enden versetzt aneinander, damit der Kasten wirklich quadratisch und nicht leicht rechteckig ist. Der Bau des hier gezeigten Einfassungsrahmens hat etwa 20 Minuten gedauert.

2 Wenn Sie den Kasten im Garten oder auf vorhandene Beete aufstellen möchten, ist es sinnvoll, ihn mit einem sogenannten Unkrautschutzvlies auszukleiden. Dieses verhindert, dass Wurzelunkräuter wie Quecke oder Ackerwinde von unten aus dem gewachsenen Boden in das Kastenbeet hineinwachsen und sich ausbreiten. Stellen Sie den Kasten auf einen festen, ebenen Untergrund, sodass das Vlies auf jeder Seite etwa 10–15 cm Überstand hat.

3 Mit einer scharfen Haushaltsschere können Sie nun das Vlies von der Bahn auf die passende Größe abschneiden. Die Schnittkante muss nicht sauber und schön sein, da man sie später nicht mehr sieht.

4 Mit einem Tacker können Sie das Vlies nun an den Innenwänden des Kastens befestigen. Achten Sie darauf, dass es nicht zu weit oben festgetackert wird, denn sonst reißen die Klammern aus, wenn Sie die Box mit Substrat oder dem Erde-Kompost-Gemisch füllen. Die Befestigung bringt man etwa 5–10 cm unter der Oberkante der Bretter an, je nachdem wie hoch der Kasten und wie breit das Vlies ist.

1

2

3

4

Gärtnern im Quadrat

Ein quadratisches Raster ist das Grundprinzip beim Square Foot Gardening, um das sich immer alles dreht. Es ist die Basis der Bepflanzung, bestimmt die Abstände der Pflanzen untereinander und welche Gemüse zusammen in einem Kastenbeet wachsen. Sie können die Kästen mit einem Gemisch aus Gartenerde und Kompost oder mit einem Pflanzsubstrat wie Gemüse- oder Balkonblumenerde füllen.

Gemüse im Raster

Die Pflanzen im Quadrat lassen sich nach ihrer Wuchsgröße einteilen und die bestimmt auch, wie viele in ein Quadrat kommen. Sehr große Gemüse sind Brokkoli, Tomate, Paprika, Aubergine, Kürbis, Gurke und große Salate wie Endivie und Frisée sowie Zucchini. Von ihnen kommt nur eine Pflanze in ein Quadrat. Solche mit sehr großen Blättern wie Zucchini setzt man zudem besser in ein Quadrat am Rand, da dort ein Teil des Laubs einfach über die Einfassung hängen kann und keine anderen Kulturen in benachbarten Quadraten beschattet. Von großen Gemüsen wie Kopf- und Pflücksalat, Mangold und Porree passen je nach gewünschter Erntegröße zwei bis drei in ein Rasterquadrat. Mittlere Gemüse sind Möhren, Rote Bete, Spinat, Buschbohnen und Erbsen. Von ihnen können vier bis neun Stück in ein Quadrat gepflanzt werden. Bei Möhren ist es einfacher, sie in Reihen zu säen und nach dem Keimen (der Profi sagt Auflaufen) auszudünnen. Damit ist gemeint, schwächere und kümmerliche Jungpflanzen herauszuziehen oder einfach mit einer Schere abzuschneiden, damit die übrigen mehr Platz haben. Kleine Gemüse sind Radieschen,

Feldsalat, Frühlingsmöhren, Schalotten und Frühlingszwiebeln. Setzen Sie diese im Verbund von 4 × 4, also 16 Pflanzen ins Quadrat, Radieschen und Frühlingsmöhren in Reihen säen.

1 Stellen Sie den Kasten im Gemüsegarten an einer sonnigen Stelle auf und füllen Sie ihn mit einem Kompost-Erde-Gemisch oder einer Pflanzerde.

2 Im Abstand von 40 cm werden Leisten auf der Kante der Einfassung angeschraubt, die das Raster für die Bepflanzung bilden. In der Mitte werden die Leisten ebenfalls mit einer Schraube miteinander verbunden.

3 Das Rasterbeet ist nun bereit zum Bepflanzen und Besäen. Es besteht aus neun Quadraten mit einer Fläche von jeweils 40 × 40 cm.

4 Je nach Gemüseart kommen in ein Rasterquadrat eine oder mehrere Pflanzen – hier sind es neun kleine Feldsalattuffs. Zur Orientierung beim Bepflanzen kann man die Pflanzstellen einfach mit den Fingern markieren.

5 Sind im Frühjahr oder Herbst kühle Nächte angekündigt, wird der Kasten mit einem Vlies abgedeckt. Vlies gibt es in Weiß und Braun. Braunes Vlies verwendet man besser zum Einpacken von Kübelpflanzen und Immergrünen. Im Gemüsegarten ist weißes Vlies besser geeignet, da es mehr Licht durchlässt. Das Vlies ist ein dünnes Kunststoffgewebe aus Polypropylen (PP), das in unterschiedlichen Stärken angeboten wird. Eines in der Stärke von 17–30 g/m² mindert kühle Temperaturen, Vlies mit 30–70 g/m² schützt sogar vor Nachtfrost.

4

5

Weinkistenbeet auf Rollen

Weinkisten aus Holz eignen sich wunderbar als Pflanzgefäße für Kräuter und Gemüse. Sie müssen nur auf der Unterseite einige Löcher bohren, damit Gieß- und Regenwasser abfließen kann. Mit Rollen auf der Unterseite können Sie Ihre Kistenbeete auf der Terrasse leicht verschieben, außerdem bleibt die Kiste länger stabil, wenn auch von unten Luft ans Holz kommt.

1 Schrauben Sie die vier Möbelrollen auf der Unterseite in die Ecken der Kiste. Zwei Schrauben pro Rolle reichen aus. Es macht nichts, wenn die Schrauben innen durch das Holz stoßen, da sie von Erde bedeckt werden. Füllen Sie den Kasten mit Pflanzerde. Wichtig sind Wasserabzugslöcher auf dem Boden, damit sich keine Staunässe bildet.

2 Die Kiste kann mit Gemüse oder Kräutern bepflanzt werden – oder wie hier mit Erdbeeren. Die Kiste kann auch als Übergangsquartier für Jungpflanzen dienen, bevor sie im Garten ausgepflanzt werden.

3 Weinkisten werden meist aus Pappel- oder Fichtenholz gezimmert. Nach einer Saison ist das Holz oft morsch und die Kiste kann auf den Kompost. Eine Holzschutzlasur lohnt nicht.

Möbelroller, Schrauben, Akkuschrauber, eine Weinkiste und Pflanzen – fertig ist der mobile Pflanztrog.

CHECKLISTE

- Weinkiste aus Holz
- 4 kleine Möbelrollen
- 8–16 kleine Spax-Schrauben
- Handbohrer oder Bohrmaschine zum Bohren von Wasserabzugslöchern
- Akkuschrauber oder Schraubendreher
- Pflanzerde
- Erdbeer-, Blumen-, Kräuter- oder Gemüsejungpflanzen

Zeitbedarf

- 10–15 Minuten für die Rollen
- 10 Minuten zum Pflanzen

Extras

- Holzfarbe bei Bedarf, Pinsel

1

2
LA LAGUNE

3

4
LA LAGUNE

Pflanzgefäß aus Beton

Beton liegt voll im Trend! Nicht nur beim Bauen weiß man das flexible Material zu schätzen. Im Garten kommt es beispielsweise bei Mauern und Fundamenten zum Einsatz, jedoch können auch Pflanzgefäße in jeder beliebigen Form aus Beton hergestellt werden.

1 Kleiden Sie eine Holz- oder Obstkiste innen mit Pappe oder Karton aus, damit der Pflanztrog später keine Ausbuchtungen oder Wülste auf der Außenseite bekommt. Wenn Sie eine geschlossene Kiste verwenden, brauchen Sie natürlich keine zusätzliche Pappe.

CHECKLISTE

- Obstkiste, Pappe und Karton
- Ziegelsteine zum Beschweren
- Plastikfolie oder Mülltüte
- grober Sand
- Zementmörtel
- Wanne oder Schubkarre und Kelle
- Gummihandschuhe
- Korken
- Plane zum Unterlegen
- Drahtbürste

Zeitbedarf

- 2 Stunden zum Gießen
- 1–2 Tage zum Aushärten

Extras

- Holzfasern oder Weißtorf

2 Eine Plastikfolie (eine aufgeschnittene Mülltüte reicht völlig) verhindert, dass der Beton am Karton oder am Holz kleben bleibt.

3 Mischen Sie Sand und schnell abbindenden Zement in einer Wanne oder Schubkarre. Das Mischungsverhältnis sollte bei 1 Teil Mörtelzement auf 4 Teile Sand liegen. Sind Sand und Mörtel gut vermischt, kommt Wasser dazu. Als Faustregel gilt: Pro Kilo Zement (nicht das Zement-Sand-Gemsich) braucht man etwa einen halben Liter Wasser. Nach Bedarf etwas mehr oder weniger zugeben. Ist die Masse zu flüssig, kommt noch Sand dazu, ist sie zu fest, noch etwas Wasser. Handschuhe tragen!

Wenn Sie zur Zementmischung noch Weißtorf oder Holzfasern geben, wird die Pflanztrogwand porös und später schnell von Flechten und Moos überzogen.

4 Füllen Sie eine etwa 4 cm dicke Schicht Zement in die Kiste. Damit später Wasser aus dem Trog abfließen kann, kommt ein Korken als Platzhalter für das Abzugsloch auf den Boden.

5 Ein mit Plastikfolie umwickelter und mit Ziegeln beschwerter Karton dient als Platzhalter für das künftige Topfinnere. Füllen Sie nun den restlichen Zement ein, bis die Oberkante bündig mit der Kante des Kartons abschließt.

6 Nach ein bis zwei Tagen ist der Beton ausgehärtet (er hat abgebunden) und Sie können den Pflanztrog aus der Schalung kippen.

1
Elbe-Obst
A06

2

3

4

5

6

7 Nachdem die Folie oder Plastiktüte vom Pflanztrog abgezogen wurde, können die Kanten und Oberflächen noch mit einer Drahtbürste geglättet werden, um dem Ganzen ein natürlicheres Aussehen zu geben.

8 Die Tröge können mit einer Vielzahl an Pflanzen bestückt werden – in diesem Fall mit einer Herbstkombination aus Mühlenbeckie, Heidekraut, weißen Astern sowie weißen und rosafarbenen Alpenveilchen.

9 Seien Sie kreativ! Beton lässt sich in viele Formen gießen – das können auch Backformen, wie hier für Guglhupfkuchen, sein. Bepflanzt werden sie mit kleinen Sukkulenten wie Haus- und Dachwurz, Fetthenne oder Steinbrech, die wenig Substrat brauchen.

Naturstein-Imitate

Pflanzgefäße aus Torf- oder Holzfaserbeton sind von viel teurerem Naturstein kaum zu unterscheiden. Wenn Sie beim Bauen statt Sand das leichte Perlite verwenden, sind die Tröge oder Kübel zudem deutlich leichter und einfacher zu transportieren. Beim Bauen gehen Sie wie oben beschrieben vor. Mischen Sie Zement, Holzfasern (oder Weißtorf) und Perlite zu gleichen Teilen in einer Wanne oder Schubkarre zusammen, dann Wasser zugeben, bis eine formbare Masse entsteht. Unbedingt feste Handschuhe mit langen Stulpen tragen, denn der Zement ist alkalisch und führt bei direktem Hautkontakt zu Reizungen oder sogar Verätzungen, solange er noch nicht ausgehärtet ist. Für runde Gefäße verwenden Sie zwei unterschiedlich große

Eimer als Form, für rechteckige eignen sich Mörtelwannen oder eine Holz- bzw. Obstkiste.

Überschlagen Sie vor dem Ansetzen der Betonmasse, wie viel Sie ungefähr brauchen, denn überschüssiger Beton härtet über Nacht aus und kann nicht weiterverarbeitet werden. Wenn Sie zu wenig vorbereitet haben, wird es schwierig, genau dasselbe Mischungsverhältnis und dieselbe Konsistenz ein zweites Mal zu erzeugen. Man erkennt die unterschiedliche Materialzusammensetzung später beim Kübel.

Das Material ist nach etwa zwei bis drei Tagen ausgehärtet und kann mit einer Drahtbürste, mit Bohrer oder Beitel noch weiter bearbeitet werden. Denkbar sind Muster, Rillen oder Löcher in den Seitenwänden, die ebenfalls bepflanzt werden können.

Perlite

Perlite ist ein vulkanisches Gestein, das auf etwa 1000° C erhitzt wird, sich dabei wie Popcorn ausgedehnt und sein Volumen auf das etwa Zwanzigfache vergrößert. Ein Liter Perlite wiegt nur etwa 9 g. Zum Vergleich: Sand oder feiner Kies bringen mit 1,8–2,5 kg/L ein Vielfaches auf die Waage.

Einfärben

Zum Einfärben des Zements sind nur spezielle Oxyd-Pigmente geeignet, die dem stark basischen Milieu im Zement standhalten. Achten Sie beim Kauf mineralischer Pigmente auf den Zusatz »zementverträglich« oder »betonecht«. Farbtöne wie Gelb, Grün oder Rot lassen sich am einfachsten herstellen und sind günstiger. Betonfarben gibt es auch in flüssiger Form.

Patina erzeugen

Mit einer Drahtbürste werden nach dem Aushärten Holzfaser- oder Torfreste von der Oberfläche gekratzt. So ähnelt die Struktur mehr einem alten Naturstein. Damit das Gefäß noch schneller eine schöne Patina bekommt, hilt ein alter Gärtnertrick. Streichen Sie das Gefäß außen mit Buttermilch oder Naturjoghurt ein und stellen es in den Schatten. So wird die Oberfläche schneller von Algen, Moos und Flechten überzogen und das Gefäß sieht schon nach wenigen Wochen aus, als ob es viele Jahre alt ist.

Kräutertopfturm

Um auf möglichst kleiner Fläche viele Kräuter anzubauen, brauchen Sie keine Kräuterspirale zu bauen, ein Topfturm erfüllt denselben Zweck. Verwenden Sie normale Blumen- oder Kräutererde, stehen die Töpfe stabiler, wenn sie jeweils auf einem umgedrehten, kleineren Topf stehen. Wenn Sie eine Kräutererde mit einem hohen Anteil an Bims- und Lavagrus fürs Befüllen des Turms verwenden, können Sie auch versuchen, die Töpfe direkt auf eine Schicht Erde zu stellen. Dieses Substrat ist fester und die Töpfe stehen nicht ganz so wackelig wie in weicher Pflanzerde aus Torf oder Holzfasern.

CHECKLISTE

- 1 Blumentopf 30 cm Durchmesser
- 1 Blumentopf 20 cm Durchmesser
- 1 Blumentopf 10 cm Durchmesser
- 2 Blumentöpfe 8 cm Durchmesser
- Kräutererde
- 8 Topfkräuter in kleinen Töpfen

Zeitbedarf

- 20–30 Minuten

Extras

- Untersetzer für den größten Topf

1 Stellen Sie einen kleinen Topf kopfüber in den großen, der die unterste Etage des Topfturms bildet. Der Topf muss fest auf dem Boden des großen stehen.

2 Nun wird Pflanzerde bis etwa 10 cm unter dem Rand eingefüllt. Mehr ist nicht nötig, da mit den Ballen der Kräuter ja auch noch Erde in den Topfturm kommt.

3 Setzen Sie nun drei oder fünf Kräuter an den Rand des Topfes. Große Ballen müssen Sie in zwei oder drei Stücke teilen, da sonst der nächste Topf nicht mehr hineinpasst.

4 Im untersten Topf finden feuchtigkeitsliebende Kräuter wie krause und glatte Petersilie, Schnittlauch, Sauerampfer, Minze, Basilikum oder Kerbel Platz.

5 Stellen Sie nun den nächsten Topf in den Topfturm. Nachdem Sie einen weiteren kleinen Topf umgekehrt hineingestellt haben, wird wieder, wie in Schritt 2, Erde eingefüllt. Diese Etage wird mit Kräutern bepflanzt, die mehr Trockenheit vertragen wie Berg-Bohnenkraut, Currykraut, Thymian, Rosmarin, Lavendel, Ysop oder Oregano.

6 Als Letztes kommt ein kleiner Topf mit Thymian oder einem kompakt wachsenden Oregano als krönender Abschluss auf den Topfturm.

Damit die Kräuter gut anwachsen, müssen sie gleich nach dem Pflanzen angegossen werden. Stellen Sie den Topfturm in den ersten Tagen etwas schattiger und nicht in die pralle Sonne. Erst wenn die Pflanzen eingewachsen sind und neue Triebe bilden, kann der Turm an einen vollsonnigen Platz.

1

2

3

4

5

6

Mini-Teich im Topf

Auf der Terrasse oder dem Balkon gestaltet sich die Anlage eins Teichs naturgemäß schwierig und gerade auf dem Balkon ist das Aufstellen eines größeren Wasserbeckens problematisch – schließlich darf aus statischen Gründen die Belastung des Balkonbodens in der Regel nicht höher als 150 kg/m² betragen. Ein Gefäß, bestückt mit kleiner Seerose und verschiedenen Sumpf- und Wasserpflanzen, ist die Lösung.

Mücken

Stechmücken legen ihre Eier in kleine, stehende Gewässer ab, können sich also auch in mit Wasser gefüllten Gefäßen auf Balkon, Terrasse oder im Garten vermehren. Eine einfache Bekämpfung ist mit Bacillus-thuringiensis-Präparaten möglich, die im Gartencenter angeboten werden. Sollten sich doch einmal ein paar zuckende Larven im Wasser zeigen, können Sie mit einem Tropfen Öko-Spülmittel die Oberflächenspannung des Wassers zerstören und die Mückenlarven können zum Atmen nicht mehr an die Oberfläche kommen.

Glasierte, wasserdichte Keramikgefäße sind ideal zum Anlegen eines Mini-Wassergartens.

Algen

Algen treten dann auf, wenn das Wasser zu viele Nährstoffe enthält. Verwenden Sie nur spezielles Teichpflanzensubstrat. Normale Blumenerde enthält Dünger, die nicht nur die Pflanzen, sondern auch die Algen zum Wachsen bringen. Treten Algen auf, hilft nur das Entfernen der Algen und ein Austausch eines Teils des Wassers. Füllen Sie eine etwa 5 cm hohe

CHECKLISTE

- Wasserdichtes Pflanzgefäß, z. B. glasierter Tontopf
- Gewaschener Kies oder grober Sand
- verschiedene Wasser- und Sumpfpflanzen, Zwerg-Seerose

Zeitbedarf

- 15–20 Minuten

Extras

- lehmige Wasserpflanzenerde

Schicht gewaschenen Aquarienkies oder -sand in das Gefäß. Der Kies sollte nicht zu grob sein. Eine Körnung von 1–10 mm ist ideal. Feinerer Sand trübt das Wasser unnötig und bei zu groben Kieseln setzt sich viel Mulm in den Zwischenräumen fest.

1 Ziehen Sie den Topf der Sumpfpflanzen vorsichtig vom Wurzelballen ab. Am einfachsten geht das, wenn Sie den Topf mit den Fingern seitlich etwas eindrücken. Die Pflanze wird dann mit dem Ballen auf die Kiesfläche gestellt. Sollten sich an der Oberseite der Erde im Topf Algen, Moose oder Lebermoose angesiedelt haben, entfernen Sie diese. Sie würden später unter Wasser nur faulen.

Wenn die Pflanzen in einem torfigen Substrat (z. B. also normale Blumenerde) angezogen wurden, ist es besser, den Wurzelballen unter fließendem Wasser auszuspülen. Die Erde sollte sich in jedem Fall tonig- oder lehmig anfühlen. Pflanzerde, die viel organisches Material (Humus) enthält, fängt unter Wasser an zu faulen – der Mini-Teich beginnt zu stinken, und das Wasser wird trüb.

2 Die Zwergseerose kommt in die Mitte des Gefäßes und kann in ihrem Gitter-Topf bleiben. Die kleinen Blätter sind sehr zart und brechen leicht ab – vorsichtiges Hantieren ist also angesagt. Beschädigte Blätter oder abgeknickte Stängel sollten Sie gleich mit den Fingernägeln abknipsen, damit sie beim Verrotten das Wasser nicht belasten. Achten Sie darauf, dass sich keine Wasserlinsen (Entengrütze) mehr an den Pflanzen befinden – man wird sie kaum oder nur mit viel Absammelei wieder los.

3 Wenn alle Sumpfpflanzen und die Seerose eingepflanzt sind, kommt eine etwa 2 cm dicke Kiesschicht als Abdeckung auf die Ballen. Auch Lücken zwischen den Ballen werden mit Kies aufgefüllt. Diese Kiesschicht verhindert, dass das tonige Pflanzsubstrat beim Befüllen mit Wasser aufgeschwämmt wird und zu Trübungen führt. Außerdem wird die Standfestigkeit des Topfes zusätzlich erhöht.

4 Das Befüllen geht am besten mit einem Schlauch mit Brauskopfaufsatz. Alternativ kann man den Strahl auch mit den Fingern bremsen oder das Wasser über einen kleinen Unterteller laufen lassen, damit der Kies nicht aufgewühlt wird. Beachten Sie, dass das Gefäß mit dem Kies und dem Wasser doch einiges an Gewicht auf die Waage bringt. Bei großen Gefäßen, die mehr als 10 L Volumen haben, sollten Sie den Mini-Teich vor dem Befüllen an seinen zukünftigen Standort stellen. Ein bis zum Rand mit Wasser gefüllter Topf, der durch den Bodengrund aus Kies noch schwerer ist, lässt sich nicht so leicht tragen.

5 Zum Schluss kommen noch ein paar schwimmende Wasserpflanzen in das Gefäß. Besonders hübsch wird die Pflanzengesellschaft, wenn Sie unterschiedliche Blattformen und -farben miteinander kombinieren. In diesem Topf wurde eine Sumpf-Iris mit hellgrünen, linealischen Blättern, eine weiß blühende Zwerg-Seerose mit dunkelgrünen, runden Blättern und die Wasserfeder als Schwimmpflanze gewählt. Wasserfedern haben zartes, filigranes Laub und bilden im Sommer elegante, weiße Blüten, die hoch über der Wasseroberfläche thronen.

Auf der Terrasse sollte das bepflanzte Gefäß mit der Seerose und den Sumpf- und Wasserpflanzen an einem sonnigen Platz aufgestellt werden.

Pflanzen-Teiche

Bis auf wenige, stark wuchernde Arten wie die Seekanne, Wassernabel oder Teichlinsen (Entengrütze) eignen sich fast alle erhältlichen Arten von Sumpf- und Wasserpflanzen für Mini-Teiche. Bei etlichen gibt es auch kleinere oder zwergwüchsige Sorten.

1 **Seerose** Ideal für Mini-Teiche ist die klein bleibende Zwerg-Seerose, die nur einen Wasserstand von 10–20 cm braucht. Es gibt neben der weiß blühenden Stammform mittlerweile auch Sorten mit rosa, roten, kupferfarbenen und sogar gelben Blüten. Letztere sollten besser frostfrei überwintert werden.

2 **Blumenbinse** Zartrosa sind die Blüten der Blumenbinse, die auch unter dem Namen Schwanenblume bekannt ist. Sie wird etwa einen knappen Meter hoch und blüht von Juni bis in den August. Ihre Blätter sind grasartig und linealisch geformt. Steht sie tiefer, entwickeln sich auch bandartige Unterwasserblätter. Die Sorte 'Rosenrot' hat dunklere, rosafarbene Blüten, bei 'Schneeweißchen' sind sie reinweiß.

3 **Wasserhyazinthe** Diese exotische Schwimmpflanze mit ihren blasig aufgedunsenen Blattstielen kommt aus Südamerika und ist nicht winterhart. Die hellblauen bis zartlila Blüten erscheinen nur, wenn die Pflanzen in der vollen Sonne stehen. Holen Sie einige starke Exemplare im Oktober ins Haus, wo sie an einer hellen Fensterbank in flachen Schalen bis April überwintern.

4 **Sumpfdotterblume** Diese Sumpfpflanze gehört zu den ersten Blühern im Frühjahr. Neben der typischen gelben Form gibt es auch Sorten mit weißen und gefüllten Blüten, die sich von März bis Juni öffnen.

5 **Tannenwedel** Ein idealer Algenvernichter, da er dem Wasser viele Nährstoffe entzieht. Er wird etwa 20–50 cm hoch. Breitet er sich zu stark aus, schneidet man einfach die Triebe mit einer Schere an der Basis ab.

6 **Rohrkolben** Für kleine Gefäße eignet sich der Zwerg-Rohrkolben am besten. Er wird nur etwa 50 cm hoch und trägt ab Juli/August kleine, kugelige Samenstände. Für größere Gefäße mit 30–40 L Volumen ist auch der schmalblättrige Rohrkolben (Bild) geeignet, der durchaus eine Höhe von 150 cm erreichen kann und lange, schmale Kolben hat.

TIPP Alle bevorzugen einen sonnigen Standort und gedeihen im Schatten oder Halbschatten nur mäßig bis gar nicht. Da das Wasser in Gefäßen im Winter bei Frost unweigerlich durchfriert, muss der Mini-Teich spätestens ab Ende November in eine kalte Garage oder in den Keller. Da die Pflanzen zum Winter ihre Blätter ohnehin eingezogen haben, brauchen sie auch kein Licht. Schütten Sie das Wasser ab, sodass der Kies nur noch knapp bedeckt ist. Ab März/April, wenn es wärmer wird, kommt das Gefäß wieder an seinen Platz im Freien.

1

2

3

4

5

6

Strohballenbeet

Pflanzen benötigen zum Wachsen, Blühen und Fruchten drei Dinge: Licht, Wasser und Nährstoffe – und ein Medium, das ihren Wurzeln Halt gibt. Dieses Prinzip machen sich nicht nur Hydrokulturgärtner seit vielen Jahrzehnten zu Nutze, auch jeder, der seine Pflanzen in einem Substrat auf Torf-, Holzfaser- oder Kokosfaserbasis kultiviert, muss Wasser und Nährstoffe zugegen. Das Substrat dient nur als Lebensraum für die Wurzeln und zur Verankerung. Da durch das Düngen des Strohs bei der Aufdüngung (siehe gegenüber) das Problem der Stickstoff-Fixierung gelöst ist, stellt Stroh eine geniale Alternative zu Torf, Kokos- oder Holzfaser dar.

CHECKLISTE

- Strohballen (Quaderballen, ca. 50 cm × 60 cm × 70 cm und einem Gewicht von etwa 6–8 kg/Ballen)
- organischer oder mineralischer Dünger mit einem N-P-K-Verhältnis von etwa 10-10-10 bis 15-10-10
- Pflanzerde

Zeitbedarf

- 10–20 Tage zur Vorbereitung
- 15 Minuten pro Tag zum Gießen und Düngen während der Vorbereitung

Extras

- Perlschlauch und Anschlüsse für eine automatische Bewässerung

Stroh ist ein nachwachsender Rohstoff, der in fast unbegrenzter Menge anfällt. Außerdem gibt es ihn fast überall in der näheren Umgebung. Dazu kommt: Stroh ist billig. Ein einzelner Ballen kostet nur ein Drittel bis ein Viertel der vergleichbaren Menge Pflanzerde. Und Stroh ist leicht zu transportieren und zu tragen.

Strohballen aufstellen

Die Strohballen werden in Reihen an einer möglichst sonnigen Stelle im Garten aufgestellt. Man platziert sie am besten in Nord-Süd-Richtung, dann bekommen alle Pflanzen gleich viel Licht. Der Abstand zwischen den Reihen sollte etwa 80 cm bis 100 cm betragen, damit man bequem dazwischen durchgehen kann und die Pflanzen, die über den Rand der Ballen wachsen, genug Platz haben.

Wichtig: Die Wasserversorgung

Da Stroh nicht so viel Wasser speichern kann wie normale Blumenerde oder Gartenboden, muss es im Sommer regelmäßig bewässert werden. Ein automatisches Bewässerungssystem mit Tropf- oder Perlschläuchen erspart Gießkannenschleppen oder das Gießen mit dem Gartenschlauch bei Hitze und Trockenheit.

Dünger für Stroh und Pflanzen

Da Stroh fast keine Nährstoffe besitzt, sondern nur trockenes, verholztes Material, ist eine Zugabe von Dünger, vor allem von Stickstoff, notwendig. Diese Nährstoffe sind nicht nur für die

Pflanzen wichtig, sondern auch für die Bakterien und Pilze, die das Stroh nach und nach abbauen. Diese Konditionierung oder Präparierung der Ballen dauert etwa drei Wochen. Erst dann ist der Stickstoffbedarf der Bakterien im Stroh gedeckt, das Stroh leicht angerottet und Sie können mit der Aussaat oder dem Pflanzen von Gemüse und Kräutern beginnen.

1 Die Strohballen werden in Reihen im Gemüsegarten aufgestellt. Damit die Wege zwischen den Ballen bei Nässe nicht schlammig und matschig werden, kann der Boden mit einem Unkrautvlies abgedeckt und mit Rindenmulch abgestreut werden. Ein Perlschlauch, der an einen Wasserhahn angeschlossen wird, sorgt im Sommer für eine gleichmäßige Wasserversorgung.

2 Zur Düngung wird pro Ballen eine Tasse Volldünger ausgestreut. Der Dünger muss einen hohen Stickstoffgehalt haben.

3 Wichtig ist das Bewässern des Strohs, damit die Bakterien im Stroh den Dünger auch verarbeiten können.

In den ersten zehn Tagen wird dieser Prozess mehrfach wiederholt: Geben Sie jeden zweiten Tag eine halbe Tasse Dünger auf die Ballen, an den anderen Tagen wird nur gewässert. Während dieser Rottephase erhitzt sich das Stroh auf bis zu 40–50° C. Regnet es während der Präparierung, sollten die Ballen mit Folie abgedeckt werden, damit die Nährstoffe nicht ausgewaschen werden. In der dritten Woche wird nur gewässert, dann folgt noch einmal eine Düngergabe, die den Pflanzen zugutekommt.

Fast immer erscheinen während der Konditionierungsphase Schimmelrasen oder kleine Pilze auf der Strohballenoberfläche. Sie sind völlig unbedenklich und können, wenn sie stören, einfach mit der Hand abgestreift werden. Sie sind sogar ein gutes Zeichen, denn sie zeigen, dass der Rotteprozess im Inneren des Ballens in Gang ist. Nach einiger Zeit verschwinden sie von selbst wieder. Weder für die Pflanzen noch für den Gärtner stellen sie eine Gefahr da. Lediglich starke Allergiker sollten im Umgang mit den Ballen etwas Vorsicht walten lassen.

4 Um den Pflanzen oder Sämlingen einen guten Start zu geben, kommt auf das Stroh eine etwa 5 cm dicke Schicht aus Aussaat- oder Pflanzerde.

5 Gemüse wie Möhren, Radieschen oder Schnittsalat wird in Reihen oder breitflächig auf den Ballen ausgesät und mit einer dünnen Schicht aus Blumenerde abgedeckt. Danach mit weichem Brausestrahl aus dem Schlauch oder einer Gießkanne angießen.

6 Erdbeeren, Kopf- und Pflücksalat, Mangold, Tomaten, Paprika und viele andere Gemüse werden direkt gepflanzt. Formen Sie mit den Fingern ein Loch im Stroh, in das die Jungpflanze gesetzt wird. Anschließend angießen.

Sowohl Sämlinge wie auch Jungpflanzen werden auf Strohballen schneller wachsen als im Gartenboden, da die Bakterien im Stroh immer weiter arbeiten und dabei Wärme erzeugen. Während die Erde im Grundbeet noch kühl und feucht ist, liegt die Temperatur im Strohballenbeet einige Grad Celsius höher.

7 Regelmäßige Bewässerung vorausgesetzt, wachsen und gedeihen praktisch alle Gemüse und Kräuter im Stroh. Lediglich ausdauernde Arten wie Artischocken und Rhabarber oder mehrjährige Kräuter wie Liebstöckel, Thymian, Oregano oder Lavendel sind weniger geeignet, da das Stroh nach einer Saison verrottet ist und als wertvoller Humus zur Bodenverbesserung, als Mulch oder zum Abdecken von Beeten im Winter im Garten verteilt wird.

Zusätzlich düngen

Für die meisten Gemüse und Kräuter reicht der Nährstoffvorrat im Stroh zum Wachsen aus. Keine zusätzlichen Düngergaben sind nötig bei allen Kräutern, Salaten wie Kopf- und Schnittsalat, Endivie, Radicchio, Feldsalat, Asia-Salaten und Rucola (Rauke) sowie Blattgemüsen wie Mangold und Spinat. Auch Möhren, Pastinaken, Rettich, Radieschen und Rüben, Erbsen und Bohnen, Zwiebeln, Knoblauch und Porree brauchen nicht viel Dünger und müssen nicht nachgedüngt werden. Eine oder mehrere zusätzliche Düngergaben im Sommer sind bei starkzehrendem Gemüse wie Knollenfenchel und -sellerie sowie Kartoffeln und allen Kohlarten sinnvoll. Fruchtgemüse wie Paprika, Tomaten, Auberginen und Zucchini, das ab Juli laufend neue Früchte bringt, wird regelmäßig nachgedüngt.

Erdbeeren auf Strohballen

Für den Anbau in Strohballen eignen sich Garten- und Monats-Erdbeeren, bei Wald-Erdbeeren ist der Ertrag höher, wenn sie sich als Unterpflanzung von Beerensträuchern im Garten ausbreiten können.

Erdbeeren brauchen Kälte, um Blütenknospen anzusetzen. Da sie auf Strohballen erst im Frühjahr gepflanzt werden können, behilft man sich mit »Frigo«-Pflanzen. Das sind Erdbeersetzlinge, die im November des Vorjahres in den Vermehrungsbetrieben gerodet wurden und bis zur Pflanzung im April oder Mai bei –2 °C in einem künstlichen Winterschlaf gehalten werden. Etwa neun Wochen nach der Pflanzung kann geerntet werden. Mit von Mai bis Juli gepflanzten Frigo-Erdbeeren können Sie also von Anfang Juli bis in den September hinein Erdbeeren ernten.

Gärtnern in der Vertikalen

Vertikales Gärtnern ist voll im Trend, nicht nur klassisch, mit Rankgerüsten, an denen Kletterpflanzen hochwachsen, auch umfunktionierte Regenrinnen, Paletten oder Setzkästen lassen sich dem »Vertical Gardening« zurechnen.

Rankgerüst aus Netz und Bambus

Aus einem Netz, wie man es für Kinderspiel- oder Sportgeräte nutzt, und vier Bambusstangen können Sie ein stabiles und doch leichtes Rankgerüst bauen. Durch das geringe Gewicht ist es ideal für den Balkon, und durch seine Größe bietet es dort auch einen idealen Sicht- und Windschutz, wenn die Pflanzen emporgewachsen sind. Zur raschen Begrünung eignen sich auf dem Balkon oder der Terrasse besonders gut einjährige Kletterpflanzen wie die Schwarze Susanne, Rosenmantel, Glockenrebe, Prunkwinde und Duft-Wicken.

1 Fädeln Sie das Netz auf die Bambusstangen, indem Sie den Stab abwechselnd durch die Maschen am Rand schieben. An den Enden wird in das Bambusrohr mit einem Akku- oder Handbohrer ein Loch gebohrt, durch das ein Kabelbinder oder eine Schraube mit Gegenmutter gesteckt wird, damit eine stabile Eckverbindung entsteht.

2 Stellen Sie das Rankgitter ans Geländer oder die Hauswand, wenn der Pflanztrog dort platziert wird. Am Geländer können Sie das Rankgestell mit Kabelbindern oder Bindedraht befestigen oder an einem waagrechten Balken wie hier. An einer Hauswand verwenden Sie besser in die Wand geschraubte und gedübelte Haken. Wenn Sie zur Miete wohnen, müssen Sie den Haus- oder Wohnungseigentümer fragen, ob Sie in die Fassade bohren dürfen.

3 Füllen Sie eine etwa 5 cm dicke Schicht Blähton in den Pflanztrog, darüber kommt ein Dränagevlies, das verhindert, dass die Blumenerde beim Gießen in die Dränage gespült wird und diese verstopft. Füllen Sie den Kasten nicht komplett, die Wurzelballen bringen auch noch Volumen mit ins Pflanzbeet. Zudem sollte noch Platz für einen Gießrand vorhanden sein.

4 Ziehen Sie die Pflanzen vorsichtig aus dem Topf (hier eine Glockenrebe oder Cobaea) und setzen Sie sie in den Pflanzkasten. Für diesen 120 cm langen Kasten reichen zwei Exemplare. Dann wird mit Erde aufgefüllt, bis etwa 3 cm unterhalb der Trogkante, damit das Gießwasser nicht überläuft, sondern langsam versickern kann. Die Triebe einfach in die Maschen flechten, sie finden schnell eigenen Halt.

CHECKLISTE

- 4 lange Bambusstangen, max. 2 m
- Netz, ca. 2 m × 2 m
- Kabelbinder oder Schrauben mit Muttern
- Akkubohrer
- Akkuschrauber oder Schraubendreher
- Bindedraht
- Pflanzkasten
- Dränagematerial und Vlies, Pflanzerde
- Kletterpflanzen
- Latte zur Stabilisierung oben

Zeitbedarf

- 2 Stunden

1

2

3

4

1

2

3

4

Rankhilfe aus Holz und Drahtgeflecht

Dieser Pflanztrog mit integriertem Spalier ist auf Rollen montiert. So können Sie die Pflanzen verschieben, z. B. wenn Sie den Terrassenbelag säubern möchten oder die Blüten verwelkt und abgefallen sind. Je nach Geschmack können Sie alles mit farblosem Holzlack oder einer Lasur einlassen oder bunt anstreichen.

1 Damit das Holz von innen nicht durch die feuchte Erde angegriffen wird, sollten Sie den Kasten, wenn er aus unbehandeltem Holz ist, vorher mit einer Teichfolie auskleiden. Schrauben Sie danach die senkrechten Latten von innen an die Seitenwände des Pflanzgefäßes. Wenn es beim Anschrauben etwas eng wird, und Sie mit dem Akkuschrauber nicht genug Platz haben, verwenden Sie besser einen kurzen Schraubendreher. Wenn Sie zwei oder sogar besser drei senkrechte Latten pro Seite anbringen, wird die Konstruktion stabiler.

2 Wenn der ganze Rahmen fertig zusammengeschraubt ist, auch die Latte, die den oberen waagrechten Abschluss bildet, wird der Pflanzkasten lasiert oder gestrichen. Stellen Sie ihn dazu auf ein großes Stück Pappe oder eine Plane, damit der Untergrund nicht durch Farbkleckse verschmutzt wird.

3 Ein grobmaschiges Drahtgitter dient als Rankgerüst. Durch die breiten Maschen können sich die Triebe leicht schlängeln und im Herbst lassen sich die dann trockenen Pflanzenteile leichter aus dem Rankgitter entfernen. Mit einem Tacker wird das Gitter an den Latten befestigt. Durch seine Steifigkeit verleiht es der ganzen Konstruktion die nötige Stabilität.

4 Füllen Sie Dränage, Vlies und Pflanzerde in den Kasten, dann werden die Kletter- oder Schlingpflanzen (hier Duft-Wicken) eingesetzt. Fädeln Sie die Triebe vorsichtig durch die Maschen. Wenn sie abknicken würden, ist es besser, sie mit Bindedraht locker am Draht zu fixieren. Der Neuzuwachs hält sich mit seinen Ranken fest. Gut angießen und in den ersten Tagen noch nicht in die pralle Sonne stellen.

CHECKLISTE

- Pflanztrog aus Holz
- 6 Holzlatten, 1,8–2 m
- Schrauben
- Akkubohrer oder Schraubendreher
- breitmaschiges Drahtgitter, 2 m hoch
- Tacker und Klammern
- Dränagematerial und Vlies
- Pflanzerde
- Kletterpflanzen
- Bindedraht
- Pappe oder Plane zum Unterlegen

Zeitbedarf

- 2 Stunden (ohne Trockenzeit)

Extras

- Teichfolie
- Holzlasur/-farbe, Pinsel

Noch mehr Ideen für Rankgitter

Nicht nur im Ziergarten oder auf Balkon und Terrasse wachsen Pflanzen an Kletter- und Rankgerüsten oder Gittern. Auch zahlreiche Gemüsearten brauchen eine Rankhilfe oder sind für eine stützende Konstruktion dankbar, die verhindert, dass die Triebe oder Früchte auf dem Boden liegen.

1 **Drahtgitter und Baustahlmatten** Gurken und Kürbisse entwickeln im Laufe der Zeit ein durchaus beachtliches Gewicht. Liegen sie auf dem Boden, werden sie leicht Opfer von Schnecken oder sie faulen, wenn es länger regnet und der Boden nass oder feucht ist.

Um das zu verhindern, biegen Sie einfach ein Stück Baustahlmatte oder ein Drahtgitter (Vierkantgeflecht) zu einem Halbrund und stülpen die Konstruktion wie einen Tunnel über das Beet, bevor Sie die Jungpflanzen einsetzen. Wenn die Pflanzen schon gesetzt sind, stellen Sie das Gitter vorsichtig ins Beet und leiten die jungen Triebspitzen so durch die Maschen, damit sie sich auf die Außenseite des Gitters legen und mit den Ranken fixieren können. Versuchen Sie nicht, Triebe mit großen Blättern durch den Draht zu schieben, die Blätter, und eventuell sogar die Triebe, würden brechen oder abknicken.

2 **Weiden- und Haselnussruten** Für Erbsen, Buschbohnen und Tomaten lassen sich aus Weiden- oder Haselnussruten einfache Rankgerüste bauen. Verbinden Sie die einzelnen Stäbe mit Gartenschnur aus Hanf oder

Raffia-Bast und nicht mit einer Kunststoffschnur. Dann können Sie die ganze Konstruktion im Herbst einfach abbauen, häckseln und kompostieren. Wenn Sie Ruten von Haselnuss, Weide oder auch von Hartriegel als Stütze in Staudenbeeten verwenden, sollten Sie diese vorher unbedingt trocknen lassen. Frische Zweige treiben rasch aus und bilden neue Wurzeln – ein undurchdringliches Heckengestrüpp ist die Folge. Im Gemüsegarten ist dies nicht ganz so relevant, da man die Pflanzen ja fast täglich kontrolliert, gießt oder erntet und schnell sieht, wenn sich ein Rankstab verselbstständigt.

3 **Obelisken und Säulen** Aus Bambusstäben, Leisten, Haselnuss- oder Weidenruten können Sie Ihre eigenen Ranksäulen, Pyramiden oder Obelisken bauen. Wer es ganz bequem haben möchte, schaut sich auf Floh- und Trödelmärkten nach alten Garderoben- und Hutständern um, die man einfach ins Beet stellt. Am Fuß sät man Erbsen, Duft-Wicken, Stangenbohnen oder andere einjährige Kletterpflanzen wie Kapuzinerkresse, Rosenmantel, Schwarzäugige Susanne, Prunkwinde oder Glockenrebe.

Kletterpflanzen für dauerhafte Rankgerüste

Wer nicht jedes Jahr aufs Neue Kletter-, Schling-. und Rankpflanzen an seine Spaliere, Rankgerüste und Obelisken setzen möchte, hat die Wahl aus einer Vielzahl an mehrjährigen Arten. Besonders schön sind Kombinationen aus Kletterrosen und großblumigen Clematis-Hybriden. Bei Kletterrosen unterscheidet man zwei Gruppen, die Climber und die Rambler. Die meisten Ramblerrosen blühen zwar nur einmal im Frühsommer im Mai/Juni, dann aber überreich. Da sie jedoch eine enorme Wuchskraft haben, sind die etwas gemäßigteren Climber besser geeignet. Sie setzen zudem nicht nur im Mai/Juni, sondern den ganzen Sommer bis zum Frost immer wieder neue Blüten an, sind somit also doppelt attraktiv für Klettersäulen.

Auch rot, orange oder gelb blühende Trompetenblume, rosa, weißer oder blauer Blauregen und Geißblatt lassen sich an Klettersäulen ziehen. Da sie recht starkwüchsig sind, sollten sie regelmäßig zurückgeschnitten werden.

Palettenkräuterwand

Vertikales Gärtnern ist voll im Trend. Mit dem hier gezeigten Trick können Sie eine Europalette in ein vertikales Beet für Kräuter und Gemüse verwandeln oder die Außenwände eines Palettenhochbeets bepflanzen.

1 Schneiden Sie die Teichfolie in schmale, etwa 15 cm breite Streifen. Die Palette selbst dient dabei zum Abmessen.

2 Tackern Sie nun die Folie an die mittlere Längsstrebe der Europalette. Setzen Sie für die Stabilität, und damit später keine Erde herausfällt, die Klammern relativ dicht.

Sogar Tomaten gedeihen in den unteren Fächern einer senkrechten Europalette.

3 Verfahren Sie mit der unteren Längsstrebe genauso. Sie bildet später das obere Pflanzbeet.

4 Der obere Bereich braucht nur mit Folie verschlossen zu werden, wenn die Palette nachher auf einer befestigten Fläche steht. Steht sie direkt auf der Erde, dann wachsen die Pflanzen durch das Substrat in den Boden.

5 Drehen Sie nun die Palette um und stellen Sie sie an ihrem zukünftigen Platz auf.

6 Anschließend wird je nach Bepflanzung Kräuter-, Gemüse- oder Blumenerde in die entstandenen »Pflanzkästen« eingefüllt und das jeweils ungefähr bis zur Hälfte.

CHECKLISTE

- 1 Europalette
- Messer, Tacker und Klammern
- 2–3 Teichfolienstreifen, ca. 15 × 120 cm
- Blumenerde
- Kräuter

Zeitbedarf

- 30–45 Minuten

Extras

- Bretter oder Bodenspieße zur Stabilisierung bei freiem Stand oder Winkel zur Wandbefestigung

1

2

3

4

5

6

7 Nun wird von unten beginnend bepflanzt. Hier gedeihen Kräuter, die nicht ganz so sonnenhungrig sind und mehr Feuchtigkeit brauchen. Ideale Kandidaten sind alle Minzen, Zitronenmelisse, Petersilie, Liebstöckel und Schnittsellerie.

8 In die mittlere Etage setzen Sie Schnittlauch, Rucola, Petersilie und Basilikum. Abwechslung schaffen verschiedene Sorten wie krause und glatte Petersilie oder rot-, grün-, groß- und kleinblättriges Basilikum. Auch Estragon und Majoran gedeihen hier gut.

9 Im oberen Pflanzkasten, der am meisten Sonne bekommt und relativ schnell ausgetrocknet, fühlen sich mediterrane Kräuter wie Currykraut, Rosmarin, Thymian, Zitronenverbene, Ysop und Salbei wohl, genau wie Oregano und Berg-Bohnenkraut.

Drücken Sie die Kräuter beim Einpflanzen nicht zu fest in die Kästen, damit sich die angetackerte Folie nicht löst. Nach dem Bepflanzen gründlich angießen.

Sicherer Stand

Für einen sicheren Stand der senkrecht gestellten Palette sorgen zwei quer angeschraubte Bretter als Standfüße. Alternativ können Sie die Palette auch mit Metallschuhen, wie sie für Zaun- oder Pergolapfosten verwendet werden, fixeren oder einfach zwei Holzlatten diagonal dagegenstellen. Paletten, die vor einer Wand stehen, sollten mit Winkeleisen befestigt werden, damit sie nicht umkippen. Schützen Sie die Fassade gegebenenfalls mit einer Folie vor Verschmutzung durch das Holz.

Mit solch einer Palettenwand können Sie 15–20 verschiedene Kräuter auf einer Fläche von nur 15 × 120 cm, das sind nicht einmal 0,2 m², anbauen und ernten.

1

2

3

4

5

6

Kräuterfassade

Sie können auch die andere Seite der Palette bepflanzen, indem Sie die Kräuter durch die schmalen Schlitze der Palettenoberseite setzen.

1 Tackern Sie Unkrautvlies auf die untere Innenseite der Palette.

2 Am Rand wird der Saum umgeschlagen und dicht an der Holzkante festgetackert.

3 Auf der Unterseite wird die Palette komplett mit Teichfolie verschlossen, damit sie später als Pflanzgefäß dienen kann.

4 Schneiden Sie überstehende Folienreste mit einem scharfen Messer ab.

5 Nach dem Aufstellen der Palette wird sie etwa 15 cm hoch mit Substrat gefüllt.

6 Schneiden Sie von außen mit einem Messer kleine Schlitze in das Vlies.

7 Durch die Schlitze werden kleine Kräuterjungpflanzen in die Palettenwand gesetzt. Besonders schnell geht dies, wenn Sie von oben nach innen greifen und den Wurzelballen nach innen ziehen. Dann wird eine weitere Schicht Pflanzsubstrat eingefüllt und die nächste Lage bepflanzt.

8 Die einzelnen Etagen werden genauso bepflanzt wie auf der vorigen Seite beschrieben: Feuchtigkeitsliebende Kräuter nach unten, trockentolerante Sonnenanbeter nach oben und der Rest in die goldende Mitte.

Setzkasten zum Stellen und Hängen

Wandbilder aus sukkulenten Steingartenpflanzen lassen sich mit Setzkästen »malen«.

1 Bohren Sie mit einem Handbohrer oder der Bohrmaschine Löcher in die Rückwand, damit überschüssiges Wasser abfließen kann.

2 Füllen Sie nun die einzelnen Fächer des Setzkastens mit Kakteenerde.

3 Suchen Sie sich kräftige Teilstücke von Dach- oder Hauswurzpflanzen aus. Sie können die Pflanzen einfach mit den Fingern auseinanderziehen und teilen.

Grünes Wandbild: Die kleinen Haus- und Dachwurze im Setzkasten können Sie nach dem Einwurzeln aufhängen.

4 Formen Sie mit dem Zeigefinger ein kleines Loch, in das die Pflanze eingesetzt wird.

5 Vorsichtig von den Seiten andrücken, bis die Pflanze nicht mehr wackelt. Setzen Sie gleiche Pflanzen in Gruppen, Reihen oder ganz abwechselnd und kreieren so schöne Muster.

6 Zum Schluss wird überschüssige Erde auf den Mittelstegen mit einem Pinsel vorsichtig zur Seite gefegt. Alles angießen und die ersten Tage den Setzkasten an einem halbschattigen Platz aufstellen, bis alle Pflanzen angewachsen sind.

Wenn Sie den Setzkasten aufhängen möchten, sollte vor dem Pflanzen ein Netz über den Kasten gespannt werden, damit die Erde nicht herausfällt. Zum Gießen abnehmen, überbrausen und abtropfen lassen, dann wieder aufhängen.

CHECKLISTE

- Setzkasten
- sukkulente Gartenpflanzen
- Kakteenerde
- Handbohrer oder Bohrmaschine
- breiter Borstenpinsel

Zeitbedarf

- 20–30 Minuten pro Kasten

Extras

- grobes Netz, Haken oder Aufhänger

1
2
3
4
5
6

1
2
3
4
5
6

Pflanzen für Setzkästen

Zur Bepflanzung von Setzkästen eignen sich alle sukkulenten Steingarten- und Dachbegrünungspflanzen. Sukkulenten haben dickfleischige Blätter, in denen sie Wasser und Nährstoffe speichern und die es ihnen so ermöglichen, Trockenperioden zu überstehen. Bei zu viel Nässe faulen die Wurzeln schnell. Daher schadet es überhaupt nichts, wenn die Pflanzen auch einmal komplett austrocknen. Im Gegenteil: Erst bei Hitze und Trockenheit und in der prallen Sonne werden die Farben der Sukkulenten richtig intensiv und prächtig.

1 und 2 **Dach- und Hauswurze** wachsen in dichten Rosetten, die grün, gelblich, rötlich oder fast purpurschwarz gefärbt sein können. Aus der Mitte erhebt sich ein bis etwa 30 m hoher Blütenstand, danach stirbt die Rosette ab. Da sie aber viele Tochterpflanzen bilden, ist das nicht weiter störend.

3 **Weiße Fetthenne** wächst auch an halbschattigen oder weniger besonnten Standorten. Die kleinen, dicken Blätter sind hell bläulich grün, in der vollen Sonne färben sie sich manchmal rötlich. Die namensgebenden weißen Blüten erscheinen von Mai bis Juni. Die Sorte 'Coral Carpet' wird wegen der konstant rötlichen Triebe auch Rotmoos-Mauerpfeffer genannt und leuchtet vor allem im Herbst.

4 **Echeverie** Diese Rosettenpflanze ist nicht winterhart, aber so schön im Wuchs und von gleichmäßiger Form, dass man sie unbedingt ausprobieren sollte. Die Blattfarbe variiert von bläulich türkis bis purpurrot.

5 **Scharfer Mauerpfeffer** Diese Fetthennenart hat kleine, aufrechte Triebe und gelbe Blüten. Die Blättchen können sogar als Gewürz verwendet werden. Sie haben eine leicht scharfe Note, daher auch der Name. Die Sorte 'Yellow Queen' besitzt eine eher fahlgrüne Blattfärbung und gelbe Triebspitzen und sie färbt sich auch nicht in der prallen Sonne ins Rötliche um wie die normale Art.

6 **Kaukasus-Fetthenne** Diese ausläuferbildende Fetthenne ist ideal für den Setzkastenrand, wo sie nach einiger Zeit wie ein langer Bart über den Rand hinauswächst und -hängt. Die Blätter sind grün und die Blüte weiß oder hellrosa. Es gibt viele Sorten, darunter 'Fuldaglut' mit dunkelroten Blättern und 'Fool's Gold' mit grünen Blättern, die ein breiter, weißer, rosa überhauchter Rand ziert.

Weitere Arten

Unter den Fetthennen gibt es noch zahlreiche weitere wunderbare, kleine Sukkulenten wie die Gold-Fetthenne (*Sedum floriferum* 'Weihenstephaner Gold'), die der Kaukasus-Fetthenne ähnelt und ebenfalls lange Ausläufer bildet, aber leuchtend goldgelbe Blüten hat. Auch der Tripmadam, ebenfalls zur Gattung der Fetthennen gehörend, hat gelbe Blüten, die etwa 20 cm hoch werden.

Für einen Setzkasten im Schatten, der nicht so schnell austrocknet ,eignen sich die kleinen, rosettenbildenden Steinbrecharten wie der Moos-Steinbrech, von dem es weiß und rot blühende Sorten gibt, der Becher-Steinbrech oder das nostalgische Porzellanblümchen mit seinen zarten, rosa Blütenständen.

Regenrinnen-Salatfarm

Waagrecht aufgehängte Regenrinnen aus Kunststoff sind ideal, um an senkrechten Wänden, Zäunen oder Mauern reihenweise knackige Salate und aromatische Kräuter zu ziehen.

1 Wenn die Rinne zu lang ist, wird sie mit einer Säge eingekürzt. Anschließend drücken Sie die Verschlussstücke an die Enden der Rinne in die Vertiefung. Sie rasten von alleine ein und schließen durch die angeklebte Gummierung dicht ab. Wenn Sie die Rinne an Haken aufhängen möchten, können Sie auch jetzt schon Löcher unter den Wulst bohren, durch den dann der Haken geführt wird.

Bereit zum Pflanzen warten Salate und Kräuter auf ihren neuen Standort in luftiger Höhe.

2 Nun wird die Rinne mit Pflanzsubstrat gefüllt. Nährstoffreiche Beet- und Balkonpflanzenerde ist besonders gut geeignet, da sie viel Feuchtigkeit speichert.

3 Verteilen Sie die Erde gleichmäßig in der ganzen Rinne.

4 Nun kann bepflanzt werden. Setzen Sie die Salatjungpflanzen etwas enger als auf dem Pflanzetikett angegeben, da sie durch das geringere Erdvolumen nicht so groß wachsen bzw. früher geerntet werden. Pro Meter Rinne können Sie 6–10 Salate pflanzen. Setzen Sie rot- und grünblättrige, krause und glatte Pflücksalate nebeneinander, das sorgt optisch für Abwechslung im Garten und später in der Salatschüssel.

CHECKLISTE

- Kunststoffregenrinne mit 2 Verschlussstücken für die Enden
- Blumenerde
- Salatjungpflanzen und/oder Kräuter

Zeitbedarf

- 15 Minuten

Extras

- Säge zum Einkürzen der Rinne
- Handbohrer
- Haken oder Schnur zum Aufhängen an der Wand oder an einem Zaun

1

2

3

4

5 Arbeiten Sie sich Stück für Stück durch die Reihe. Sie können die Salatjungpflanzen auch vorher erst einmal auslegen, um zu sehen, wie viele Sie brauchen und welche Farb- bzw. Sortenkombinationen am schönsten wirken.

Salat wird »hoch« gepflanzt, das heißt, der Pressballen der vorgezogenen Jungpflanze kommt nicht ganz in die Erde. Das »Herz« der Pflanze muss frei bleiben, sonst kann es später zu Fäulnis kommen. Kopfsalate bilden nur lockere oder gar keine Köpfe aus, wenn sie zu tief gepflanzt werden.

6 Die fertig bepflanzte Rinne mit verschiedenen Pflück- und Romanasalaten.

7 Dies ist eine Variante mit verschiedenen Küchenkräutern zwischen den Salaten, darunter krause und glatte Petersilie, Schnittlauch, Basilikum und Kerbel.

Aufhängen und Pflege

Hängen Sie die Rinnen waagrecht an einem Zaun, einer Mauer oder der Wand eines Gartenhäuschens auf. Ideal ist ein Platz, der morgens und abends Sonne bekommt, aber während der heißen Mittagsstunden leicht beschattet ist. Durch das geringe Erdvolumen muss regelmäßig gewässert werden. Daher bietet sich eine solche Salatfarm eher für das Frühjahr oder den Spätsommer und Herbst an, da dann die Tage noch nicht oder nicht mehr so heiß sind. Im Hochsommer muss bei Hitze zweimal täglich gegossen werden. Wer auch dann nicht auf Salat aus der Regenrinne verzichten will, der sollte sich eine automatische Bewässerung mit kleinen Tropfschläuchen installieren.

6

7

Insektenhotels

Schlupfwespen, Ohrkneifer, Wildbienen, Hummeln, Florfliegen, Schwebfliegen, Marienkäfer – die Liste nützlicher Insekten ließe sich beinahe beliebig lange fortführen. Wildbienen und Hummeln gehören zu den effektivsten Bestäubern von Obst und Gemüsepflanzen, Marienkäfer und deren Larven ernähren sich von Blattläusen, genau wie die Larven von Flor- und Schwebfliegen. Laufkäfer fressen Schnecken und Ohrkneifer vertilgen jede Menge anderer kleiner Insekten. Eine vielseitige Bepflanzung, der Verzicht auf chemische Pflanzenschutzmittel und natürlich Unterschlupf- und Nistmöglichkeiten schaffen die Voraussetzung für eine große Artenvielfalt. Je mehr nützliche Insekten sich im Garten einfinden, desto schwerer haben es schädliche oder unerwünschte Vertreter. Die auf dieser und den nächsten Seiten gezeigten Unterschlüpfe und Nisthilfen bieten zahlreichen Arten Unterschlupf und Nistmöglichkeiten. Alle lassen sich mit wenig Aufwand selbst bauen, müssen jedoch vor Nässe und Feuchtigkeit geschützt aufgehängt oder aufgestellt werden, sonst siedeln sich die Nützlinge gar nicht erst an oder die Larven sterben ab.

1 **Dachpfannen mit Schilf und Zweigen** Zwischen Dachpfannen geschichtete Zweige und Schilfrohrmatten oder Schilfstängel bieten Spinnen und Käfern Unterschlupf. In den hohlen Stängeln legen Wildbienen und solitär lebende Wespen ihre Eier ab. Die untere Etage mit den trockenen Haselnuss- oder Weidenruten bietet Spinnen, Asseln und allerlei Käfern einen idealen Unterschlupf.

2 **Lehmkasten** Füllen Sie Lehm oder Ton in eine Kiste. Solange er noch feucht ist, können Sie mit Stiften oder Stöckchen verschieden große Löcher hineinbohren, die von Lehm- und Grabwespen als Niströhrchen genutzt werden. Ein ideales Projekt für einen Kindergeburtstag, bei dem jeder der kleinen Gäste ein eigenes Insektenhotel bauen kann.

Als Kasten können Sie auch alte Weinkisten verwenden. Ist der Kasten Wind und Wetter ausgesetzt, dann sollten Sie die Oberseite mit einem Stück Dachpappe oder Teichfolie vor Nässe schützen.

3 **Durchlöcherte Äste und Stämme** Auch die Bohrlöcher in Holzstämmen, -scheiben und dicken Ästen werden rasch besiedelt. Besetzte Löcher erkennen Sie an den kleinen Verschlüssen aus zerkautem Holz oder Lehm, mit dem die weiblichen Bienen oder Wespen ihre Larven und Eier schützen.

Die Spalten und Ritzen zwischen den Holzscheiten bieten vielen Insekten und Spinnen Rückzugsmöglichkeiten, in den hohlen Schilfstängeln (auch geeignet: Holunderzweige) legen Wildbienen ihre Eier ab.

4 **Pappe** Ein einfaches zusammengerolltes Stück Wellpappe erfüllt denselben Zweck. Die grobe Holzwolle hält die Papprolle in Position. Die Pappe sollte nicht zu eng gerollt werden, damit viele unterschiedlich breite und tiefe Schlitze entstehen.

1

2

3

4

5

6

7

8

5 In Holzkisten können Sie verschiedene Materialien miteinander kombinieren. Hier sind es Lochziegel, Schilfrohr, hohle Zweige von Holunder und dickere Äste, in die Löcher gebohrt wurden.

6 Zwei mit Dachpappe verkleidete Holzbretter dienen bei diesem Insektenhotel als Regenschutz. Ein armdicker Ast wurde in 15 cm lange Stücke gesägt, die Stirnseiten mit Bohrlöchern versehen, die Stücke aufeinandergestapelt und mit Draht auf einem Brett fixiert.

7 Überall ist Platz für ein kleines Insektenhotel wie dieses zum Aufhängen, das mit kleinen Bambusröhrchen bestückt ist.

8 In der verschlossenen Kiste in der Mitte finden Schmetterlinge und Falter Unterschlupf. Sie können sich durch den Schlitz zwängen und überwintern im trockenen, wind- und wettergeschützten Inneren. Damit die anderen Unterschlüpfe aus Schilf, Rinde und Kiefernzapfen nicht als gedeckter Tisch für die Vögel im Garten dienen, wurde die Front dieses Insektenhotels mit einem engmaschigen Drahtgitter verkleidet.

TIPP Der ideale Standort für ein Insektenhotel ist vollsonnig, regen- und windgeschützt, in einer Höhe von 1,2–2 m über dem Boden in einem Obstbaum oder an einer Mauer. Durch die Wärme kann sich die Insektenbrut gut entwickeln, gleichzeitig ist das Insektenhotel durch Blätterdach oder Mauerkrone vor Nässe geschützt. In der Nähe sollte es ein Angebot vieler blühender Kräuter und Stauden sowie Blütensträucher geben, die den erwachsenen Insekten als Nahrung dienen. Die gut sichtbare Einflugschneise für die Insekten sollte sich auf der wetterabgewandten Seite, also nach Osten zeigend, befinden.

Futterpflanzen für Insekten

Insekten brauchen nicht nur einen Unterschlupf und Nistmöglichkeiten, sondern auch Nahrung. Viele nützliche Insekten, deren Larven Blattläuse vertilgen, ernähren sich selbst von Blütenpollen und Nektar. Wespen füttern ihre Larven mit anderen Insekten, sie selbst bevorzugen Nektar und süße Früchte. Pflanzen und säen Sie Wildblumenmischungen.

Empfehlenswerte Insektenfutterpflanzen sind Sommerflieder, Gelber Sonnenhut und Purpursonnenhut, alle mediterranen Kräuter wie Salbei, Lavendel, Rosmarin, Thymian, Oregano oder Ysop. Im Herbst sorgen alle Arten von Astern dafür, dass die Insekten an den letzten warmen Tagen des Jahres noch genug Nahrung finden. Und lassen Sie ein paar überreife Früchte für Schmetterlinge und Wespen liegen. Sie liefern wertvollen Zucker und damit Energie für die Überwinterung.

Wer Schmetterlinge im Garten haben möchte, darf die Raupen nicht vergessen. Reservieren Sie ihnen einen Platz im Garten, an dem Disteln, Brennnesseln, Spitz-Wegerich, Hornklee und Wildgräser wie aufrechte Trespe, Schafschwingel, Pfeifen- und Knäuelgras sowie einheimische Sträucher wachsen können.

Wochenend-Projekte XXL

Ein Sichtschutz aus Flechtwerk oder Holzelementen ist ein ideales Projekt für ein Wochenende. Der Bau von Trockenmauern, Hochbeeten aus Naturstein. Wegen, Trittsteinen und Plattenbelägen ist dagegen etwas zeitaufwändiger.

Terrassen-Kräuterbeet aus Stein

Mediterrane Kräuter gedeihen besonders gut, wenn sie in nährstoffarmer, relativ trockener Erde zwischen Steinen wachsen, die nachts die Sonnenwärme des Tages abgeben. Dieses kleine Hochbeet aus Naturstein bietet alles.

1 Heben Sie zwischen Terrasse und Beet einen etwa 30–40 cm breiten und 15–20 cm tiefen Graben aus. Mit Splitt gefüllt dient dieser als Unterlage für die erste Reihe der Steine, die im Abstand von etwa 10 cm zum Terrassenbelag verlegt werden. Außerdem kann Wasser, das von der Terrasse abfließt, leicht versickern und staut sich nicht vor der Mauer. Schichten Sie die Steine im Verbund übereinander, also so, dass keine durchlaufenden »Kreuzfugen« entstehen.

CHECKLISTE

- Splitt oder Kies
- Natursteine für die Mauer
- Spaten
- Pflanzerde
- Sand
- Kräuter

Zeitbedarf

- 4–8 Stunden je nach Größe

Extras

- Eine Schub- oder Sackkarre ist beim Transport der Steine und des Splitts hilfreich.

Sind alle Steine aufgeschichtet, wird das Beet mit einem Gemisch aus Pflanzerde und Sand aufgefüllt. Normale Pflanzerde ist für viele Kräuter zu nährstoffhaltig, daher wird sie mit Sand oder feinem Kies abgemagert. Gleichzeitig verbessert der Sand die Wasserabzusgfähigkeit und es entstehen keinen nassen Stellen. Staunässe führt schnell zu Wurzelfäulnis.

Zum Abschluss und zur Stabilisierung der Mauer legen Sie einige breitere, flache Decksteine auf die Mauer, die leicht ins Beet hineinragen. So ergibt sich später ein natürlicher Eindruck, wenn die Kräuter eingewachsen sind und die Steine überwuchern.

2 Verteilen Sie die Kräutertöpfe erst einmal alle auf dem Beet, um zu sehen, ob für alle die optimale Postion gefunden wurde. So können Sie sie noch versetzen, wenn Ihnen die eine oder andere Pflanzstelle nicht gefällt.

3 Niedrigere und wärmeliebende Kräuter wie Thymian, Oregano und Lavendel kommen in den vorderen Beetbereich, der auch durch die wärmenden Steine etwas trockener ist. Höhere Arten wie Estragon oder Liebstöckel kommen weiter nach hinten.

4 Nach dem Einpflanzen wird gründlich angegossen und dann können Sie Ihre Kräuter erst einmal sich selbst überlassen. Achten Sie in den ersten Wochen auf Unkräuter, die sich ausbreiten können, solange die Kräuter noch nicht dicht an dicht stehen.

1

2

3

4

Trockenmauer bauen

Eine Trockenmauer im Garten kann viele Aufgaben erfüllen. Hanglagen lassen sich beispielsweise terrassieren, um die Flächen besser nutzen zu können. Für ein so großes Projekt müssen Sie mehrere Tage einplanen. Trockenmauern müssen immer leicht zum Hang geneigt sein und solche, die höher als 100 cm sind, sollten von einem Fachmann gebaut werden, denn sie brauchen eine zusätzliche Sicherung, damit sie nicht nachgeben und der Hang ins Rutschen gerät. Bevor es losgeht, müssen Sie Platz schaffen für Steine, Schotter und die Arbeitsgeräte sowie Werkzeuge.

CHECKLISTE

- Schotter und Splitt
- Dränagerohr, Geotextilvlies
- Natursteine
- Schubkarre
- Spaten und Schaufel
- Spitzhacke
- Rechen oder Harke
- Wasserwaage
- Richtschnur und Pflöcke
- Handschuhe und Schutzbrille
- Sicherheitsschuhe
- Steinhammer, Gummihammer, Fausthammer
- Beitel

Zeitbedarf

- mehrere Tage je nach Größe

1 Damit sich das Sickerwasser aus dem Hang hinter und unter der Mauer nicht staut und bei Frost die Mauer nach vorne drückt, muss die Trockenmauer ein Fundament sowie eine Hinterfüllung aus Schotter bzw. Füllsteinen erhalten. Heben Sie fürs Fundament einen etwa 40 cm tiefen und 70 cm breiten Graben aus. Mit dem Rüttler wird der Schotter verdichtet. Das Planum sollte etwa 20 cm unter dem Erdniveau liegen.

2 Eine Schicht aus feinerem Splitt auf dem groben Schotter sorgt für einen Ausgleich und erleichtert das Ausrichten der ersten Steinreihe. Diese werden so gesetzt, dass mindestens ein Drittel, besser die Hälfte unter dem Erdniveau liegt. Das Ausrichten dieser ersten Reihe muss besonders sorgfältig ausgeführt werden.

3 Bei Bedarf kann ein Dränagerohr eingezogen werden. Auch ein Geotextilvlies, das hinter der Mauer ausgelegt wird, verhindert, dass die Dränageschicht verschlämmt. Als Faustregel für den Bedarf an Schüttmaterial gilt:

Mauerhöhe (m) × Mauerlänge (m) × 0,6
= Hinterfüllung in m^3

4 Die Steine müssen wackelfrei und plan übereinander liegen. Legen Sie sie versetzt, sodass keine durchlaufenden Kreuzfugen (zwei Stoßfugen übereinander) entstehen. Lücken werden mit Keilsteinen »ausgezwickelt«, wodurch die ganze Mauer unter Spannung gesetzt wird und ihr zusätzliche Stabiltät bringt. Überstehendes Material der Keilsteine abschlagen.

1

2

3

4

5

6

5 Die fertige Mauer wird nun noch mit Abschlusssteinen abgedeckt, die etwas breiter sind als die Mauersteine. Anschließend mit Erdreich auffüllen, damit auch die Mauerkrone bepflanzt werden kann.

In engen Fugen können schon beim Bauen der Mauer Pflanzen eingesetzt werden, größere oder breitere Fugen werden nach dem Bau der Mauer bepflanzt. Trockenmauern sind ein idealer Lebensraum für alle Steingarten- und Gebirgspflanzen. Für sonnig-heiße, nach Süden orientierte Mauern kommt zudem die ganze Palette der Dachgartenpflanzen in Frage.

Setzen Sie nicht in jede Fuge Pflanzen, denn es wäre schade, wenn die schönen Natursteine nach ein paar Jahren hinter einem Vorhang von Pflanzen verschwinden würden.

6 Der Mauerfuß wird mit größeren Stauden bepflanzt, die Mauerkrone kann je nach Substratdicke mit Stauden, kleinen Gehölzen oder Steingartenpflanzen besetzt werden.

TIPP Es dürfen nie mehr als drei Fugen aneinanderstoßen, da dies die Stabilität der Mauer verringert. Bauen Sie außerdem auf einer Mauerhöhe von 50 cm sogenannte Legesteine ein. Das sind längere Steine, die tiefer in den Hang hineinragen und die Mauer wie Anker im Hang stabiliseren. Der Anteil dieser Stützsteine sollte etwa 10–20 % betragen. Verwenden Sie dafür unbrauchbare, da unförmige Steine, die nur eine kleine, attraktive Seite haben, die nach vorne kommt. Schutt und Abfall, der beim Zuhauen der Steine entstanden ist, wird einfach zur Hinterfüllung der Mauer verwendet.

Bepflanzen von Trockenmauern

Schaffen Sie bereits beim Bau der Mauer beim Legen der Steine immer wieder Lücken, die mit einem Gemisch aus Erde und Sand gefüllt und später bepflanzt werden können. Sie dient als Startsubstrat für die Pflanzen. Hinter der Mauer suchen sich die Wurzeln schnell ihren Weg durch die Dränageschicht. Statt die Pflanzen anzugießen, ist es besser, wenn die Ballen vor dem Einsetzen in die Fugen in Wasser getaucht werden und sich richtig vollsaugen können. Nach dem Einpflanzen muss regelmäßig gewässert werden, bis sich die Pflanzen etabliert haben. Später kommen sie dann ohne jede Wassergabe aus, im Gegenteil, zu viel Feuchtigkeit fördert nur den Wuchs von unerwünschten Gräsern oder Unkraut.

Zum Bepflanzen von Trockenmauern eignen sich besonders in Multitopfplatten gezogene Pflanzen, denn die haben einen kleinen Wurzelballen. Staudengärtnereien, die sich auf die Produktion von Pflanzen für die Dachbegrünung spezialisiert haben, bieten die größte Auswahl solcher Stauden. Die beste Pflanzzeit ist das Frühjahr oder der Herbst, denn im Sommer leiden die Pflanzen schnell unter Hitzestress und Wassermangel und brauchen länger, bis sie sich etabliert haben.

Pflanzen für Trockenmauern

Trockenmauern, vor allem sonnige, nach Süden ausgerichtete, sind ein idealer Lebensraum für trockenheitverträgliche Steingarten- und Steppenpflanzen sowie mediterrane Kräuter.

1 **Currykraut** Dieses würzig duftende, mediterrane Kraut blüht ab Juli bis in den September mit kleinen, gelben Kugelblüten. Das silbrige Laub trotzt Hitze und Trockenheit. Die Sorte 'Silberkugel' wächst besonders kompakt und hat sehr schmale, silbrig-weiße Blätter. Eine ideale Staude für die trockene Mauerkrone.

2 **Thymian** Teppich- und Polster- sowie Sand-Thymian wachsen flach kriechend und duften zudem betörend. Es gibt rosa und weiß blühende Formen. Besonders schön sind die Garten-Formen 'Purpur-Teppich' (purpurrote Blüten), 'Duftkissen' (rosa Blüten) und die weiß blühende 'Albus'. Die Sorte 'Amadé' des Sand-Thymians verströmt einen betörenden Zitrusduft. Thymian verträgt Trockenheit und wächst in den oberen Bereichen der Mauer oder auf der Mauerkrone am besten.

3 **Polster-Glockenblume** Zahlreiche Glockenblumen haben einen kompakten, polsterförmigen Wuchs und blaue oder weiße Blüten. Sie brauchen etwas mehr Feuchtigkeit und fühlen sich im unteren und mittleren Bereich der Mauer am wohlsten.

4 **Fetthenne** Von dieser Sukkulentengattung gibt es unzählige Arten, die in den Fugen und Spalten der oberen und mittleren Bereiche einer Trockenmauer wachsen. Empfehlenswert sind u. a. Weiße Fetthenne, Scharfer Mauerpfeffer, Tripmadam, Gold-Mauerpfeffer sowie Purpur-Fetthenne.

5 **Wolfsmilch** Unter den Vertretern dieser Pflanzengattung finden sich viele mit sukkulenten oder harten, silbrig-grünen Blättern, die auf ihre Trockenverträglichkeit hinweisen. Die Walzen-Wolfsmilch bildet lange »Würste« mit blaugrünen Blättern. Gut für alle Mauerbereiche.

6 **Hornkraut** Diese wüchsige Polsterstaude hat silbrig behaarte Blätter und Triebe. Von Mai bis Juni erscheinen unzählige weiße Sternblütchen. Das Teppich-Hornkraut bildet große, hängende Polster und ist auch im Winter attraktiv, da die Blätter nicht abfallen. Besonders schön ist die Sorte 'Silberteppich'. Hornkraut ist für alle Mauerbereiche geeignet.

TIPP Eine Trockenmauer bietet viele Lebensbereiche für Pflanzen (und natürlich auch für viele Tiere). Die oberen Bereiche und die Mauerkrone sind sehr trocken, hier gedeihen viele Sukkulenten wie Fetthennen und Polsterstauden wie Steinbrech. In den unteren Bereichen hält sich die Feuchtigkeit länger, sodass hier sogar Farne, Funkien oder Bergenien und andere Schattenstauden wachsen können, wenn der Mauerfuß beschattet ist. Wählen Sie keine zu hoch wachsenden Stauden, denn die Mauer soll ja nicht völlig von Trieben und Blättern verdeckt werden.

1

2

3

4

5

6

1

2

3

4

5

6

Wege und Beläge

Wege und Oberflächen im Garten können mit den unterschiedlichsten Belägen versehen werden. Man unterscheidet zwischen gebundenen und offenen Oberflächen. Gebundene Oberflächen sind wasserundurchlässig, brauchen also ein leichtes Gefälle, damit Regenwasser nicht stehen bleibt, sondern abfließt. Praktischer und auch umweltfreundlicher sind offene Beläge, bei denen das Niederschlagswasser direkt auf der Weg- oder Belagsfläche versickern kann.

1 **Holzplanken** werden in ein Zementbett verlegt, die Zwischenräume dann mit Kies gefüllt. Für den Einsatz im Freien eignen sich nur Harthölzer wie Eiche, Robinie oder Lärche und kesseldruckimprägniertes oder Thermoholz.

2 **Fugengrün** In offenen Fugen sprießen schnell kleine Pflanzen. Pflanzen oder säen Sie trittfeste Bodendecker wie Polster- und Sand-Thymian oder Frühlings-Fingerkraut, sie vertragen volle Sonne. Im Schatten gedeihen Sternmoos, Hornklee und Pfennigkraut in den Fugen.

3 **Dicke Baumscheiben** können zu urig-rustikalen Wegen verlegt werden. Sie sind jedoch nur für sonnige Stellen geeignet, da die offene Holzoberfläche im Schatten schnell von Algen und Moos besiedelt wird und glitschig wird. Dann besteht Rutschgefahr! Am längsten halten sich solche Wege aus Eichen- oder auch Buchenholz. Fichten-, Kiefern- oder Tannenscheiben sind zwar günstig, verrotten aber schon nach wenigen Jahren und bilden dann eine holprige, nicht mehr zu begehende Fläche.

4 **Rindenmulch oder Holzhäcksel,** auf ein Unkrautschutzvlies gestreut, sind ein idealer Belag für Wege im Gemüsegarten. Er trocknet schnell ab und ist bei Schnecken nicht sonderlich beliebt – was nicht heißen soll, dass er eine unüberwindbare Barriere darstellt.

5 **Material-Mix** Holz und Steine lassen sich schön kombinieren, hier alte Eichenbohlen und bunte Flusskiesel, in ein Mörtelbett verlegt.

6 **Ziegelsteine oder Klinker** können in verschiedenen Mustern, hochkant oder flach, quer oder längs, im Fischgrät- oder Diagonalverbund verlegt werden. Regelmäßig von Algen befreien, damit die Oberfläche nicht rutschig wird.

TIPP Nicht nur die Optik, auch die Häufigkeit, wie oft ein Weg oder eine Fläche begangen wird, und seine Nähe zum Haus beeinflussen die Wahl des Belagmaterials. Sand- und Kieswege sind wunderschön, robust, günstig und pflegeleicht. Direkt am Haus kann es aber lästig werden, wenn man ständig Sand und Kies mit den Schuhen ins Haus trägt. Auch die Farbe beeinflusst die Auswahl. Helle Beläge können bei Sonnenlicht geradezu blendend grell wirken und manche Steinarten werden bei Nässe dunkel und haben dann eine ganz andere Wirkung.

Platten selbst verlegen

Mit etwas Übung lassen sich Platten für Wege und Sitzplätze selbst verlegen. Wichtig ist eine gute Vorbereitung des Untergrunds, denn mit ihm steht und fällt die Haltbarkeit eines Belags.

Heben Sie die Fläche, die gepflastert werden soll, etwa 15–20 cm tief aus und verdichten Sie den Untergrund mit einer Rüttelplatte. Anschließend wird eine 10–15 cm dicke Tragschicht aus Splitt aufgetragen und ebenfalls verdichtet, dann mit einem Brett glattgezogen. Überprüfen Sie mit Hilfe einer zwischen zwei Pflöcken gespannten Schnur, dass die Fläche eben ist bzw. ein ganz leichtes Gefälle aufweist.

1 Bei Natursteinplatten mit unregelmäßigen Kanten ist das Verlegen wie ein großes Puzzle, bis die Platten so zusammenpassen, dass die Fugen nicht zu breit sind. Kontrollieren Sie mit der Wasserwaage immer wieder, dass die Fläche ein leichtes Gefälle hat.

2 Klopfen Sie die Platten mit dem Gummihammer leicht in das Splittbett. Wenn alle Platten verlegt sind, werden die Fugen mit einem Gemisch aus feuchtem Trockenmörtel und Sand gefüllt. Fegen Sie Reste von der Oberfläche und lassen Sie den Mörtel abbinden, damit die Fugen fest miteinander verbunden werden.

Nehmen Sie sich Zeit, die Platten so anzuordnen, dass sie gut zusammenpassen und nur kleine Fugen entstehen.

CHECKLISTE

- Natursteinplatten
- Splitt und Sand
- Trockenmörtel
- Gummihammer
- Steinhammer
- Rüttelplatte
- Schaufel
- Besen
- Wasserwaage
- Pflöcke
- Schnur
- Brett
- Knieschoner

Zeitbedarf

- Je nach Fläche mehrere Stunden

1

2

Trittplatten in Blätterform

Diese selbstgebauten Trittplatten sind auf jeden Fall ein Hingucker und absolute Unikate. Sie können dazu jedes großes Pflanzenblatt verwenden.

1 Legen Sie die Arbeitsfläche mit einer stabilen Folie aus, damit der Tisch darunter nicht verschmutzt. Pinseln Sie die Blattunterseite nun mit Pflanzenöl ein. Versuchen Sie dabei, das Öl gleichmäßig und in alle Ritzen und zwischen die Blattadern zu verteilen. Es dient dazu, dass das Blatt sich später leicht vom Estrich ablösen lässt. Ohne Öl bleibt ein Teil des Blatts an der Trittplatte kleben und muss abgekratzt werden.

2 Schütten Sie den Sand auf die Arbeitsfläche, etwa 2–3 cm dick. Die Sandfläche sollte etwas größer als das Blatt sein. Nun wird das Blatt mit der Oberseite nach nach unten auf den Sand gedrückt.

3 Mit Wasser mischen Sie den Estrich in einem alten Eimer an. Das Mischungsverhältnis von Estrich oder Fertigzement mit Wasser unterscheidet sich von Produkt zu Produkt, folgen Sie daher der Anleitung auf der Verpackung. Setzen Sie lieber etwas zu viel Estrich an als zu wenig. Wenn das Blatt nur teilweise oder zu dünn bedeckt ist und Sie dann neuen Estrich ansetzen müssen, ist der auf dem Blatt bereits angetrocknet und verbindet sich nicht mehr mit dem frischen. Verteilen Sie den Estrich großzügig auf der eingeölten Blattfläche. Tragen Sie unbedingt Handschuhe, denn der Estrich kann bei Hautkontakt zu Reizungen und Rötungen führen. Arbeiten Sie sich von der Blattinnenseite zu den Rändern vor, aber nicht darüber hinaus, denn die Trittplatte soll ja genau der Blattform entsprechen. Die Estrichschicht sollte etwa 3–5 cm dick sein.

Der Estrich bindet relativ schnell ab und wird hart, daher müssen Sie zügig arbeiten.

4 Nach einer Trocken- und Aushärtephase, am besten über Nacht, wird die Platte umgedreht und dann das Blatt behutsam vom Estrich abgezogen. Dort, wo die dicken Blattadern waren, sieht man nun eine wunderschöne Äderung. Überstehende Estrichreste können mit einer Drahtbürste oder Kombizange vorsichtig (!) vom Rand entfernt werden.

CHECKLISTE

- verschiedene große Pflanzenblätter, z. B. von Rhabarber oder *Gunnera*
- Pflanzenöl und Pinsel
- Folie
- Sand
- Fertig-Estrich und Eimer
- Kelle oder alte Handschaufel
- Haushaltshandschuhe aus Gummi
- Drahtbürste, Kombizange

Zeitbedarf

- 20–30 Minuten pro Blatt ohne Trocken- bzw. Aushärtezeit

1

2

3

4

Selbstgemachte Trittplatten führen den Weg am Staudenbeet entlang zur Sitzbank.

Wiederholen Sie die Arbeitsschritte mit den übrigen Blättern so oft, bis Sie genug Trittplatten hergestellt haben.

Schreiten Sie den Weg oder Pfad, der mit den Platten belegt werden soll, mehrmals ab und markieren Sie die Trittstellen mit einer Handvoll Sand oder Kieselsteinen. Es ist wichtig, den richtigen Abstand zu finden, sonst ärgern Sie sich später, wenn Sie »trippeln« oder in »Ausfallschritten« laufen müssen oder ständig neben statt auf die Platten treten. Normal ist eine Schrittlänge von 65 cm, gemessen von Plattenmitte zu Plattenmitte.

Zum Verlegen wird der Rasen 10 cm ausgehoben und eine Schaufel voll grober Splitt oder Kies in das Loch geschüttet. Gleichmäßig verteilen und andrücken, dann wird die Trittplatte auf den Splitt gelegt und mit einem Gummihammer leicht festgeklopft, damit sie plan liegt und nicht wackelt. Anschließend den Rand mit Kies und Erde auffüllen, das Gras wächst von alleine in kurzer Zeit wieder nach. Achten Sie beim Verlegen unbedingt darauf, dass die Plattenoberseite bündig mit der Grasnarbe oder, besser noch, leicht darunter liegt. Nur dann können Sie mit dem Rasenmäher beim Schneiden des Grases ohne Sorge um die Platten und die Messer des Mähers über die Platten fahren. Grashalme am Plattenrand, die der Mäher nicht erfasst hat, werden mit einem Rasenkantenschneider oder einer Schere nach dem Mähen gekürzt.

Platten, die über die Grasnarbe hinausstehen, sind außerdem eine gefährliche Stolperfalle, da man an den Kanten mit den Zehen oder den Schuhen leicht hängen bleibt.

Noch mehr Wege

Mit Fertigzement oder Estrich lassen sich im Garten viele Ideen für Beläge verwirklichen.

1 Exotische Blätter Die auf den vorigen Seiten beschriebene Methode lässt sich mit einer Vielzahl an Blättern ausführen. Da auch viele Zimmerpflanzen große Blätter ausbilden, sind diese besonders gut geeignet. Hier wurde das Blatt einer Buntwurz (*Caladium*) in Zement gegossen. Mit den großen, runden Blättern von Fächerpalme, Geigenfeige oder den handfömig gelappten Blättern der Aralie (*Fatsia*) bringen Sie exotisches Flair in den Garten. Kleinere Blätter können Sie wie ein Mosaik zusammenfügen.

2 Sand-Kies-Pfad Trampelpfade, die bei Regen zu matschigen Rutschbahnen werden, können mit einer Schicht Mörtel und darin eingestreuten Kieseln befestigt werden. Drücken Sie die Kieselsteine in den feuchten Mörtel, bevor dieser aushärtet. Der Untergrund muss vorher verdichtet und mit einer Splittschicht versehen werden, sonst bricht der Belag und das ganze wird wackelig und unbegehbar.

3 Platten im Kies Falls Trittplatten in Kiesflächen sich im losen Material immer wieder verschieben oder gar wandern, können Sie die Platten mit ein paar Litern flüssigen Estrich auf die Kiesel »daraufkleben«. Zuerst nehmen Sie unter den Platten ein paar Steine weg, denn diese sollen hinterher ja wieder plan und bündig mit dem Kieselbelag abschließen und keine Stolperfallenkanten bilden. Den Estrich auf die Kiesel gießen, die Platte auflegen und mit einem Gummihammer festklopfen.

Schneller Sichtschutz

Ohne Privatsphäre fühlt man sich im Garten nicht wohl. Sicht- und Windschutz hält fremde Blicke fern, verdeckt unschöne Elemente und sorgt für ein Gefühl von Geborgenheit und Sicherheit im Garten.

1 **Mobiler Sichtschutz auf Rollen** Dieses mobile Sichtschutzelement besteht aus mehreren Pflanzkübeln, zwischen denen Holzbretter als Sitzbank angebracht sind. In den Kübeln sind Rankgitter befestigt (siehe Seite 83), an denen sich Kletterpflanzen emporhangeln. Lieben Sie Abwechslung, dann werden die Kübel jedes Jahr neu mit einjährigen Kletterpflanzen wie Prunkwinde (Bild), Rosenmantel, Glockenrebe oder Schwarzer Susanne bepflanzt. Mehrjährige Arten wie Wilder Wein, Efeu, Kletter-Hortensie und Trompetenblume klettern mit Haftwurzeln oder Haftranken, sie werden an der Kletterhilfe angebunden. Rankende und schlingende Arten wie Glyzine (Blauregen), Geißblatt (Jelängerjelieber), Clematis und Wein halten sich an den Rankgerüsten mit ihren schlingenden Trieben oder Ranken selbst fest.

TIPP Beim Aufstellen von Sicht schutzwänden müssen Sie wie beim Pflanzen von Hecken und Bäumen die von Ort zu Ort leicht unterschiedlichen Regelungen zum Grenzabstand beachten. Auskunft kann die örtlichen Behörde, meistens ist das Baurechtsamt zuständig, erteilen. Sprechen Sie auch mit Ihren Nachbarn, denn ein Sichtschutz hat ja immer zwei Seiten und was auf Ihrer Seite kühlen Schatten spendet nimmt vielleicht dem Nachbarn die Sonne im Gemüsegarten. Bevor es zu Streitigkeiten über Form, Farbe oder die Höhe kommt, ist es immer besser, vorher miteinander zu reden.

2 **Transparente Wände aus Weidenruten** Zwischen senkrecht im Boden verankerten Stangen aus Eisen werden lange Weiden- oder Haselnussruten verflochten. So entsteht ein transparenter Sicht- und Windschutz, der mit Kletterpflanzen berankt auch als Raumteiler im Garten eingesetzt werden kann.

3 **Sichtschutz nach oben** Nicht nur zu den Seiten, auch nach oben ist manchmal ein Schutz nötig, zum einen gegen grelle Sonne, zum anderen auch vor neugierigen Blicken der Nachbarn aus den oberen Stockwerken. Zwischen zwei Spanndrähten oder Schnüren gespannte Stoffbahnen sind leicht und können schnell auf- und abgezogen werden. Passende Tischläufer machen das Farbthema perfekt.

4 **Feste Sichtschutzwände** Aus imprägniertem Holz gefertigte Sichtschutzelemente wirken viel ansprechender und lebendiger, wenn sie mit einer frischen Farbe gestrichen werden oder von Kletterpflanzen begrünt sind. Hier harmonieren sie sogar mit der Bepflanzung aus gelben Tulpen und violettem Zierlauch.

1

2

3

4

Adressen, die Ihnen weiterhelfen

Inspiration

- www.dawanda.com
- www.handimania.com
- www.pinterst.com

Strohballen

- www.markt.de
- kleinanzeigen.ebay.de
- www.quoka.de
- www.dhd24.com
- www.heu-stroh-boerse.de
- www.landwirt.com
- www.landtreff.de

Gemüsesaatgut

Bioland Hof Jeebel
Jeebel 17
29410 Salzwedel OT Jeebel
www.biogartenversand.de

Dreschflegel GbR
In der Aue 31
37213 Witzenhausen
www.dreschflegel-saatgut.de

Bingenheimer Saatgut AG
Kronstraße 24
61209 Echzell-Bingenheim
www.bingenheimersaatgut.de

Gärtnerei Dieter Haas
Obere Leberklinge 26
97877 Wertheim
www. bioland-gaertnerei-haas.de

Arche Noah
Bio-Raritäten
Obere Straße 40
A-3553 Schiltern
Österreich
www.arche-noah.at

Kräuter

Rühlemanns Kräuter & Duftpflanzen
Auf dem Berg 2
27367 Horstedt
www.kraeuter-und-duftpflanzen.de

herbs Bioland Gärtnerei & Pflanzenversand
Herbert Vinken
Stedinger Weg 16
27801 Dötlingen OT Nuttel
www.herb-s.de

Syringa Duftpflanzen & Kräuter
Bachstraße 7
78247 Binningen
www.syringa-pflanzen.de

Bio Gärtnerei Christian Herb
Heiligkreuzerstraße 70
87439 Kempten im Allgäu
www.bio-kraeuter.de

Staudengärtnerei Gaißmayer
Jungviehweide 3
89257 Illertissen
www.gaissmayer.de

Zum Weiterlesen

Schönes aus der Natur
von Frauke Antholz, BLV

Sichtschutz
von Bärbel Faschingbauer, BLV

Shabby Charme im Garten
von Tanja Kosub, BLV

Gärtnern auf Strohballen
von Folko Kullmann, BLV

Square Foot Gardening
von Folko Kullmann, BLV

Das ist Urban Gardening!
von Karen Meyer-Rebentisch, BLV

Upcycling
von Julia Romeiß, BLV

Pflanzen-Deko kreativ & selbstgemacht
von Fee-Jasmin Rompza, BLV

Selbermach-Ideen für den Balkon
von Eva Schneider, BLV

Kreatives aus Holz
von Eva Schneider und Anja Limburg, BLV

Deko für draußen
von Shanthi Schwinge, BLV

Stichwortverzeichnis

Bildnachweis

Alle Fotos von Kristijan Matic mit Ausnahme von:

Elke Borkowski: 34, 35; Dorothea Baumjohann: 109 o li, 109 alle 4, 110 beide; Flora Press/Christine Ann Föll: 65, Flora Press/gartenfoto.at: 45 o re, 104/105, 107 alle 4, Flora Press/Helga Noack: 6/7, 16, 32, 33 alle 4, 39 beide, 54 o, 62 alle 6, 64 beide, 101 beide, Flora Press/Lena Möhler: 55 o, Flora Press/MAP: 123 u re, Flora Press/OrÈdia: 123 u li, Flora Press/Tomek Ciesielski: 78/79; Shutterstock/Frank Gaertner: 10, Shutterstock/Lisa Fumi: 11, Shutterstock: 12 li, 12 re, 13, 14, 19, 40/41, 44 o, 44 Mi, 45 o li, 45 u li, 45 u re, 47 alle 4, 54 u, 55 u, 73 alle außer u re, 84 beide, 85, 86, 94 alle 6, 101 u li, 101 u re, 102 alle 4, 113 alle 6, 114 alle 6, 116, 117 beide, 121 alle 3; Friedrich Strauß: 30, 31, 81 o li, 81 o re, 81 u li, 81 u re, 82 o li, 82 o re, 82 u li, 82 u re, 119 o li, 119 o re, 119 u li, 119 u re, 120, 123 o li, 123 o re; wikipedia/emergency doc: 73 u re

Über den Autor

Dr. Folko Kullmann hat in Freising-Weihenstephan Gartenbauwissenschaften mit Schwerpunkt Pflanzenbau studiert und an der Technischen Universität München promoviert. Nach Stationen in Europas größter Baumschule und im Botanischen Garten Kew, London, sowie einem Volontariat bei einem Stuttgarter Ratgeberverlag lebt er seit 2004 seine grüne Passion nicht nur im Garten und auf dem eigenen Balkon aus, sondern auch als Buchautor und Gartenjournalist, Lektor und Übersetzer von Gartenbüchern. Seit 2008 betreibt er mit seinem Partner ein auf Gartenbücher und -magazine spezialisiertes Redaktionsbüro in Stuttgart.

Impressum

Bibliografische Information der Deutschen Nationalbibliothek

Die Deutsche Nationalbibliothek verzeichnet diese Publikation in der Deutschen Nationalbibliografie; detaillierte bibliografische Daten sind im Internet über http://dnb.d-nb.de abrufbar.

BLV Buchverlag GmbH & Co. KG

80797 München

Umschlagfotos: Folko Kullmann

Programmleitung Garten: Dr. Thomas Hagen
Projektleitung Sandra-Mareike Kreß
Lektorat: Judith Starck
Herstellung: Hermann Maxant
Satz: Kullmann & Partner GbR/Kristijan Matic

Gedruckt auf chlorfrei gebleichtem Papier

Printed in Germany

ISBN 978-3-8354-1353-5

Hinweis
Das vorliegende Buch wurde sorgfältig erarbeitet. Dennoch erfolgen alle Angaben ohne Gewähr. Weder Autor noch Verlag können für eventuelle Nachteile oder Schäden, die aus den im Buch vorgestellten Informationen resultieren, eine Haftung übernehmen.

www.facebook.com/blvVerlag